PETER ZIRKEL

De aedibus international

Die Inspirationen und die architektonische Kultur einzelner Architekturschaffender in Europa und anderen Teilen der Welt zu dokumentieren und zusammenzuführen, das ist das Ziel der Reihe *De aedibus international.* So können wir seit 2009 architektonische Brennpunkte der jüngeren europäischen Architekturgeschichte wie etwa London, die Beneluxstaaten, Deutschland, Österreich und Südtirol mit einzelnen Bänden erreichen. Die Reihe wird in ihrer Kontinuität gleichsam zu einem Gedächtnis der Architektur, das die Werke dem Vergessen entzieht. Von allen der mit hohem Qualitätsanspruch ausgewählten Architekturschaffenden werden die wichtigsten Bauten festgehalten, ausführlich dargestellt und dokumentiert. Jeder Band dient auch der Reflexion über den architektonischen Willen, der hinter den Projekten steht. So sind in dieser Reihe bereits etliche namhafte Kritikerinnen und Kritiker aus verschiedenen Ländern zu Wort gekommen.

Der Hauptteil in jedem Band widmet sich dagegen der Welt der Anschauung. So sind jeweils anhand von Bildern und Plänen einige bemerkenswerte Bauten dargestellt, die nicht einer routinierten «Produktion» entsprungen sind. Vielmehr steht hinter jedem Entwurf eine leidenschaftliche Auseinandersetzung mit der Aufgabe und deren Prämissen.

Heinz Wirz
Verleger

The *De aedibus international* series aims to document and compile the inspirations and architectural culture of individual architects in Europe and other parts of the world. Since 2009, we have published individual volumes on hotspots of European architectural history such as London, the Benelux countries, Germany, Austria and South Tyrol. Such continuity allows the series to become a form of architectural memory, ensuring that the architecture is not forgotten. The most important buildings by each of the selected high-quality architects are presented, described in detail and documented. Each volume also serves to reflect upon the architectural motivation behind the projects. Thus the series includes numerous articles by renowned critics from various countries.

However, the core of each book is dedicated to the world of observation. Images and plans present a number of remarkable buildings that are not the result of routine "production". Instead, each design stems from a passionate engagement with the task and its premises.

Heinz Wirz
Publisher

34 De aedibus international

PETER ZIRKEL – Dresden

QUART

ARCHAISCH AUF DEN ZWEITEN BLICK
EINE BEGEGNUNG MIT PETER ZIRKEL (ARCHITEKTEN)

Josepha Landes

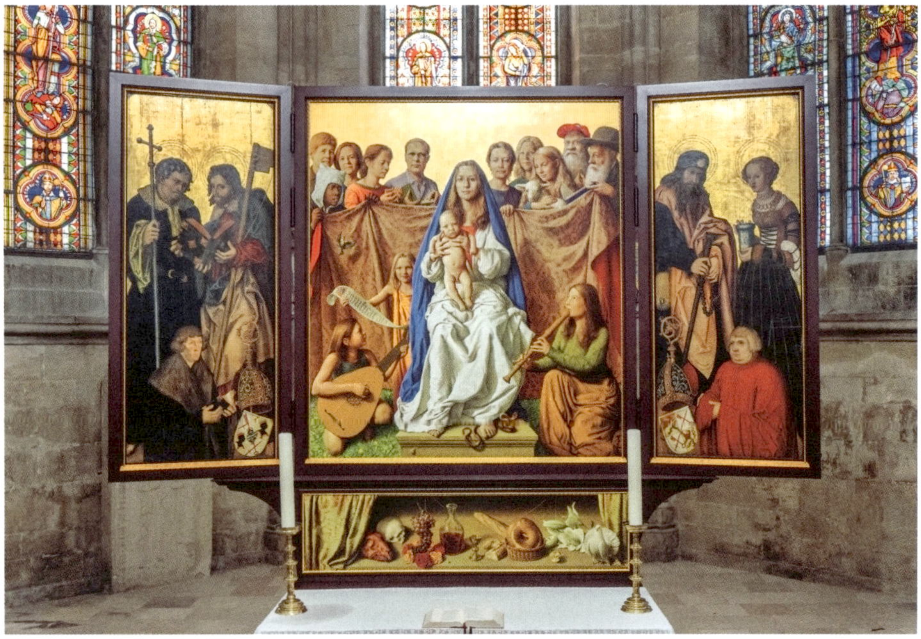

Cranach-Triegel-Altar, Naumburger Dom (Copyright 2022, KNA GmbH, www.kna.de, All Rights Reserved)
Cranach-Triegel-Altar, Naumburg Cathedral (Copyright 2022, KNA GmbH, www.kna.de, All Rights Reserved)

Dieses Buch nimmt seinen Anfang an einem Novembertag 2024 in den Räumen von Peter Zirkel Architekten in der Dresdner Friedrichstadt. Im Hof vor dem Fenster kommen verschiedene Zeitschichten der Stadt zusammen: Vorderhäuser aus dem Barock und Werkhallen aus der DDR-Zeit. Einige der Betriebe und Ateliers sind hier schon jahrzehntelang ansässig, der Schlosser nebenan zum Beispiel. Das Architekturbüro nutzt seit 1998 zwei Etagen einer ehemaligen Schreinerei. Zwischenzeitlich verlieh die Adresse ihm seinen Namen: F29 – Friedrichstraße nebst Hausnummer. Vor acht Jahren übernahm Peter Zirkel allein die Geschäftsführung, setzte auf seinen Namen: Der zeigt, wer die Verantwortung trägt.

An jenem Herbsttag sind Projektblätter an die Wand des Besprechungsraums gepinnt: Gebäude, die die Kollegen und Kolleginnen im Buch zeigen möchten. Auch Till Schuster, der viele der Projekte fotografiert hat, schaut vorbei. Neben den Ausdrucken auf DIN A4 hängt ein Bild des Cranach-Triegel-Altars aus dem Naumburger Dom, und am Eingang steht eine grob geschnitzte Holzskulptur.

> «Triegel ergänzt die Cranach-Seitenflügel geradezu altmeisterlich; da muss man schon genau hinsehen, um zu erkennen, dass die Mitte aus einer anderen Zeit stammt.» Peter Zirkel

Vor diesem Zusammenkommen kannte ich Peter Zirkel kaum. Ein Jahr zuvor hatte ich mit ihm die Schule am Schilfweg (S. 44) besichtigt, um für die Zeitschrift *Bauwelt* zu berichten. Dabei war er mir wie ein scharfsinniger Weltbetrachter vorgekommen; er macht den Eindruck, ein Freigeist zu sein. Auch deshalb reizte mich die Anfrage, ob ich in diesem Buch schreiben möchte.

ARCHAIC AT SECOND GLANCE
AN ENCOUNTER WITH PETER ZIRKEL (ARCHITECTS)

Josepha Landes

Holztorso, Konrad Franz
Wooden torso, Konrad Franz

This book begins on a November day in 2024, in the offices of Peter Zirkel Architekten in Dresden's Friedrichstadt. In the courtyard outside the window, different layers of the city's history converge: front buildings from the Baroque period and factory halls from the GDR era. Some of the workshops and studios have been based here for decades – the locksmith next door for instance. Since 1998, the practice has occupied two floors of a former joinery. For a time, the address gave the office its name: F29 – Friedrichstrasse and building number. Eight years ago, Peter Zirkel took over sole management, placing his own name above the door: a clear signal of who bears responsibility.

On that autumn day, project sheets are pinned to the wall of the meeting room, buildings the colleagues want to feature in the book. Photographer Till Schuster, who has documented many of the projects, also drops by. Next to the A4 printouts hangs a picture of the Cranach–Triegel altarpiece from Naumburg Cathedral, and by the entrance stands a roughly carved wooden sculpture.

> "Triegel complements the Cranach side panels in an almost Old Masterly way; you have to look closely to see that the centre belongs to another era." Peter Zirkel

Before this meeting, I had barely known Peter Zirkel. A year earlier, I had visited the Schilfweg school (p. 44) with him while reporting for Bauwelt magazine. He had struck me then as a keen observer of the world, with something of a free spirit about him. That, too, made the invitation to write for this book appealing to me.

Das letzte Kapitel unserer Zusammenarbeit schlagen wir ein halbes Jahr und sieben gemeinsame Ausflüge später in Berlin auf. Beim Auftakt-Treffen da im zweiten Stock neben der Schmiede waren wir nach einem geselligen Mittagstisch übereingekommen, dass die Betrachtung in diesem Buch verschiedene Perspektiven berücksichtigen soll: Nutzer, Bauherrinnen, Initiatoren. Viele Begegnungen folgten – begonnen an jenem Büro-Mittagstisch – und nicht zuletzt diverse On-the-Road-Momente mit dem Chef: Ich stand mit Peter Zirkel im Regen von Lützen (S. 56). Wir fuhren gemeinsam über Land nach Canitz (S. 24) und assen heisse Suppe in Halle (S. 12). Schicht um Schicht ist mein Verständnis dafür, was die Arbeit von Peter Zirkel Architekten ausmacht, gewachsen.

> «Peter, warum hast du mir bei unserem ersten Treffen diese beiden Kunstwerke gezeigt – den Holztorso und das Foto vom Naumburger Altar?» Josepha Landes

Die beiden Kunstwerke als Einstieg haben mir geholfen, den Blick dieser Gruppe von Menschen auf die Welt nachzuvollziehen: Der hölzerne Torso und das Altarbild dienen als das rote und das blaue Glas der 3D-Brille, durch die geblickt, aus Zeichnungen, Material und Raumprogramm Architektur entsteht. Am Effekthaschen ist das zehnköpfige Team nicht interessiert. Harte Kontraste, sagt Zirkel, findet er uninteressant. Er weiss zu erzählen, von Menschen, Orten, Umständen.

Seine erste Geschichte gilt dem Holztorso im Büro. Zirkel schlägt einen vertraulichen Ton an, wenn er über Konrad Franz spricht – den Künstler, der diesen halben Mannesleib ganz archaisch mit Kettensäge und Axt aus einem Baumstamm gepellt hat. Schon Michelangelo suchte das Wesen im Werkstück selbst. Auch Zirkel meint, das Wesen verbirgt sich im Material, die Meisterschaft bestünde darin, es herauszuarbeiten. Deshalb liebt er, wie er sagt: die Arbeit vom Konrad. Da fühlt er sich zu Hause. Wobei er unter Material mehr als Werkstoff versteht. Das Wesen von Architektur ergebe sich aus dem Zutun aller Beteiligten, es folge formalen Vorgaben und sei stets vom Kontext gefärbt. In diesem Spannungsfeld ist das Team derselben Unmittelbarkeit auf der Spur, von der die Schnitzspuren der Holzskulptur zeugen. Sie verblenden wenig, versuchen im Dialog zu bleiben und schätzen das Vorhandene.

> «Wenn wir uns für ein Material entscheiden, soll die Kraft dieses Materials auch zur Entfaltung kommen.» Peter Zirkel

Zirkel ist Zimmermann, wohlgemerkt kein Tischler. Darauf besteht er: Der Mann fürs Grobe. Einer mit dem Blick fürs Feine, was er jedoch manchmal selbst nicht ganz zu glauben scheint. Alle im Team tun das ihre, weiss er, und in Sachen Sensibilität hält er andere für kompetenter. Das macht ihn noch lang nicht zum Klotz – schliesslich hat er auch den Triegel an die Wand gepinnt. Er ist jedoch unmissverständlich: der Chef. Die Fäden zusammenzuhalten hat er früh gelernt. Und er ist Geschäftsmann, den Umgang mit Zahlen hat er mit der Muttermilch eingesogen – aufgewachsen im Sägewerk der Familie, katholisches Franken, zog es ihn nach der handwerklichen Ausbildung zum Studieren nach Kaiserslautern, Delft, Darmstadt. Dass er nach Dresden kam, war Zufall.

> «Architektur entsteht nicht, indem irgendjemand ein paar Striche aufs Blatt macht. Architektur ist ein zäher, langwieriger und mitunter nerviger Prozess.» Peter Zirkel

Und, tickt der Osten anders? Schulterzucken, er habe fast sein gesamtes professionelles Leben in Dresden verbracht. Ihn wurmt nur, dass immer alles so hässlich sein muss.

The final chapter of our collaboration opens half a year – and seven shared excursions – later, in Berlin. At that first meeting on the second floor beside the forge, after a convivial lunch together, we had agreed that varied perspectives should be included in this book: those of users, clients, initiators. Many encounters followed – beginning at that office lunch table – not to mention various on-the-road moments with the boss: I stood with Peter Zirkel in the rain in Lützen (p. 56). We drove together across the countryside to Canitz (p. 24) and ate hot soup in Halle (p. 12). Layer by layer, my understanding of what defines the work of Peter Zirkel Architekten has grown.

> "Peter, why did you show me these two artworks, the wooden torso and the photograph of the Naumburg altarpiece, when we first met?" Josepha Landes

Those two artworks at the outset helped me to grasp how this group of people looks at the world. The wooden torso and the altarpiece image act like the red and blue lenses of 3D glasses: through them, drawings, materials and spatial programmes are transformed into architecture. This ten-member team has no interest in flashy effects. Strong contrasts, says Zirkel, do not appeal to him. He is a storyteller, attuned to people, places, circumstances.

His first story concerns the wooden torso in the office. Zirkel speaks warmly about Konrad Franz, the artist who rather archaically carved this half-figure from a tree trunk using a chainsaw and axe. Michelangelo, too, sought the essence within the block itself. Zirkel believes the essence lies hidden in the material, and that mastery consists in bringing it out. That, he says, is why he loves Konrad's work – it feels like home to him. By "material" he means more than just a physical substance. The essence of architecture arises from the contribution of all involved, follows formal parameters and is always coloured by context. Within this field of tension, the team pursues the same immediacy that the carving marks on the wooden sculpture convey. They conceal little, remain in constant exchange and have a deep respect for what is already there.

> "When we decide on a material, we want to unfold its inherent strength." Peter Zirkel

Zirkel is a carpenter – and emphatically not a joiner. He insists on the distinction: a man for the rough. Yet he also has an eye for the fine, even if he sometimes seems reluctant to admit it himself. He knows that everyone in the team contributes their part, and in matters of sensitivity he considers others more skilled. That hardly means he is without refinement – after all, he is the one who pinned the Triegel to the wall. He is, however, unequivocally the boss. He learned early how to manage things. He is also a businessman, and dealing with figures comes naturally to him, having grown up in the family sawmill in Catholic Franconia before moving on from his craft training to study in Kaiserslautern, Delft and Darmstadt. His settling in Dresden was, as he tells it, a matter of chance.

> "Architecture does not come about because someone puts a few lines on paper. It is a tough, drawn-out and at times exasperating process." Peter Zirkel

And is it different in the East? He shrugs – he has spent almost his entire professional life in Dresden. What bothers him is simply that everything has to be so

Sogar auf dem Friedhof! Da wollte er kürzlich eine Figur vom Konrad auf dem Familiengrab platzieren – aber die Regularien. Das war allerdings in Franken, ist also kein Ost-Problem. «Lieber was hässliches Regelkonformes als was schönes Einzigartiges», wirft Zirkel dem Zeitgeist hierzulande vor. Keiner, der mehr was wagt.

Der Wagemut der Projekte aus der Friedrichstraße springt nicht unbedingt ins Auge. Sie sind keine Querschläger, vermitteln weder Weltverbesserer- noch Besserwisserattitüde, sondern sprechen eine versöhnliche Sprache. Wagen und Mut liegen in ihrem Tasten, in angebrachter Zaghaftigkeit oder auch im Widerspruch, bisweilen auf dem Grat zum Zweifel. Im Ausdruck suchen die Bauten nach der Angemessenheit der Triegel'schen Cranach-Ergänzung. Sie sind nicht ausgelegt, die Welt umzukrempeln, wohl aber, sie voranzubringen. Der Axt-und-Kettensäge-Charakter bleibt dem Prozess vorbehalten. Dem Wesen einer Aufgabe so nah als möglich zu kommen, ist Anspruch und Triebfeder der Dresdner. Diese Beharrlichkeit führt dazu, dass die Details und ihre Herleitung stimmen.

> «Die Arbeit hat etwas Sanftes – sie ist eben nicht auf Kontrast gebürstet. Indem im Sowjetischen Pavillon jetzt jeder Bürger, jede Leipzigerin ins Stadtarchiv gehen kann, wird Architektur und Architekturgeschichte erlebbar.» Josepha Landes

Bestens zu sehen ist das am Projekt Leipziger Stadtarchiv, für das sie ab 2015 den Sowjetischen Pavillon auf der Alten Messe angefasst haben (S. 52). Es ist – ein offenes Geheimnis – nicht ihr Lieblingsprojekt. Sie selbst haben die Makel des Prozesses in einer Publikation seziert: Haben wir das Beste rausgeholt aus dieser Collage an Geschichte und Geschichten? Zweimal Hinsehen lohnt, findet Zirkel. Das Team ist stets auf der Suche nach dem gewissen Extra – immer einen Mehrwert generieren! Mitdenken, weiterdenken, um nicht der einfachen Verlockung aufzusitzen. Brüche um der Brüche willen sind nicht zu finden in Zirkels Projekten. Mal tut ein Anbau scheu, mal ist ein Eingriff fast provozierend subtil, und mal gibt es auch eine grosse Geste. «Beim Neubau ist das einfach!», verweist Peter Zirkel auf den eher raren Solitär, die Gedenkstätte in Lützen (S. 56) – aber immer geht es um nicht weniger als Zusammenhalt.

> «Wenn Zeitungen über unsere Projekte berichten, fehlt in vier von fünf Artikeln der Name des Architekten. Du wirst erst genannt, wenn Kosten oder Termine nicht eingehalten werden. Es erfordert Geschick, ein gutes Produkt abzuliefern, wenn daran ausserhalb der Blase kaum Interesse besteht.» Peter Zirkel

Doch das Wichtigste: Diese in sich schlüssige Architektur dient nicht sich selbst. Sie bietet Ansätze, verstanden und gemocht zu werden. Auch wenn Peter Zirkel bisweilen den öffentlichen Respekt für seinen Berufsstand vermisst, die Arbeitsweise des Büros heischt nicht nach Aufmerksamkeit, die über die Kernkompetenz des Teams als Architekturschaffende hinausginge. Gute Architektur zu schaffen, bedeutet für die Kollegen und Kolleginnen, dass ein Bauwerk sich aneignen lässt und im besten Fall von Entstehen bis Stehen als Agent für gelebte Baukultur wirkt – einlädt, sich mit dem Gebäude und den Themen, die es umranken, auseinanderzusetzen. Dazu ist unverzichtbar, die Gemengelage zu verstehen, den richtigen Ton für die Ortsansässigen wie Ämter anzuschlagen. Peter Zirkel ist Handwerker, er ist Geschäftsmann, und er ist Diplomat – keiner mit Manschetten, sondern einer mit den Füssen auf dem Boden, auf dem er steht.

> «Der Kern von Diplomatie ist nicht, dem anderen zu sagen, was er hören will, sondern im richtigen Moment den richtigen Ton zu finden.» Josepha Landes

ugly. Even in the cemetery! Recently he wanted to place a sculpture by Konrad on the family grave, but the rules forbade it. That, however, was in Franconia – so not an East German problem. "Better something ugly but regulation-compliant than something beautiful and unique," Zirkel says of the prevailing mindset. No one is willing to take risks any more.

The boldness of the projects from Friedrichstrasse is not immediately obvious. They are no mavericks, neither preaching nor presuming to know best, but instead speak a conciliatory language. Their courage lies in feeling their way forward – in a certain, well-judged tentativeness, or at times in contradiction, even bordering on doubt. In their expression, the buildings search for the same appropriateness as Triegel's addition to Cranach. They are not designed to turn the world upside down, but they do aim to move it forward. The character of axe and chainsaw is reserved for the process itself. The Dresdeners ambibtion and driving force is to come as close as possible to the essence of a task. This persistence ensures that the details, and the reasoning behind them, are right.

> "The work has something gentle about it – it is not geared towards contrast. Now that every citizen of Leipzig can visit the city archives in the Soviet Pavilion, both architecture and architectural history are made tangible." Josepha Landes

This is best seen in the Leipzig City Archives project (p. 52), which began in 2015 with their work on the Soviet Pavilion at the Alte Messe. It is – an open secret – not their favourite project. In a publication, they dissected the flaws in the process: did we get the best out of this collage of history and stories? It is worth looking twice, Zirkel believes. The team is always searching for that certain extra, always adding value! Thinking ahead, thinking further, so as not to fall for the easy temptation. You will not find breaks for their own sake in Zirkel's projects. Sometimes an extension is shy, sometimes an intervention is almost provocatively subtle, and sometimes there is a grand gesture. "With a new build, that's easy!" says Peter Zirkel, pointing to one of the few stand-alone works, the memorial in Lützen (p. 56) – but it is always about nothing less than cohesion.

> "When newspapers report on our projects, four out of five articles leave out the architect's name. You only get mentioned when costs or deadlines are missed. It takes skill to deliver a good result when there's little interest outside the professional bubble." Peter Zirkel

But above all, this coherent architecture does not serve itself. It offers starting points to be understood and appreciated. Even if Peter Zirkel sometimes feels a lack of public respect for his profession, the practice's way of working does not seek attention beyond its core competence as architects. For the team, creating good architecture means that the building can be embraced and ideally act from inception to completion as an agent for experiencing architecture culture. It should encourage engagement with itself and with the issues that surround it. This requires understanding the circumstances and striking the right tone with both locals and authorities. Peter Zirkel is a craftsman, a businessman and a diplomat, not one with cufflinks but with his feet firmly on the ground he stands on.

> "The essence of diplomacy is not telling the other person what they want to hear, but finding the right tone at the right moment." Josepha Landes

MEDIATHEK BURG GIEBICHENSTEIN KUNSTHOCHSCHULE, HALLE

Der Designcampus der Burg Giebichenstein in Halle bildet die Geschichte der Kunsthochschule ab wie ein Freilichtmuseum. Er erstreckt sich rund um eine schlösschengleiche Villa oberhalb der Saale. Das eklektische Gebäude war 1903 als Wohnsitz der Bankiersfamilie Steckner errichtet worden und wurde bis 1934 von ihr bewohnt. Seit 1975 residiert der Fachbereich Design in der Villa Steckner. Mit dem Einzug ging eine Umgestaltung, treffender: ein Verzehr des parkähnlichen Freiraums einher. Lehr-, Verwaltungs- und Werkstattbauten nagten sich ins Gelände. Als 2011 eine Mediathek hersollte, bedeutete dies das finale Aus des einstigen Landschaftsgartens. Für den Wettbewerb behielt das Team von Peter Zirkel mit Christian Schmitz und ZILA Architekt.innen die Park-Idee im Sinn und setzte sich mit einer Gartenhaustypologie durch.

Die Mediathek erstreckt sich als dreigeschossiger Riegel entlang der nördlichen Grundstücksgrenze. Damit bleibt sie deutlich unter den Traufkanten der benachbarten Gebäude. Das Volumen schiebt sich in das leicht abschüssige Gelände und setzt sich bis zu 9 Meter im Untergrund fort – nur ein Drittel zeigt sich oberirdisch. Die regelmässige Fassade mit einer stehenden, naturbelassenen Lärchenholzschalung vereint Elemente von Pergola und Pavillon.

Aufgrund der in einer Bibliothek hoch anzusetzenden Flächenlasten wurden die Obergeschosse als Beton-Skelettbau mit Flachdecken ausgeführt. So liess sich mit Leichtigkeit Leichtigkeit erzeugen: Die hohe Transparenz des Erdgeschosses holt die Campusmitte förmlich ins Gebäude. Von Etage zu Etage halbiert sich die Breite der stehenden Fenster. Alternierend sind öffenbare Holzsegmente eingebunden. Den Fensterprofilen vorgesetzte Lisenen verleihen der Fassade Tiefe und spenden den Innenräumen Schatten.

Der Grossteil der Regal- und Magazinräume ist, wie der doppelhohe Lesesaal, von Erdreich umgeben. Dieser Umstand ermöglicht eine konstante Temperierung der Freihandbereiche mit minimaler Gebäudetechnik. Aufgrund der Nähe zum Fluss war eine besonders hohe Wasserdichtigkeit des Betons vonnöten. Dennoch wirken die unterirdischen Bereiche keineswegs kellerartig: Vom Erdgeschoss fällt sanft das Licht nach unten, und von den Lesetischen schweift der Blick hinauf zum Himmel, in die Baumkronen.

Architektur für eine Kunsthochschule zu entwickeln, mag herausfordern. In Halle bereicherte die von der Bauherrschaft aufgebrachte Wertschätzung für Gestaltung die Zusammenarbeit. Vor allem der Austausch des Planungsteams mit dem Leiter der Werkstätten, Martin Büdel, war eng. Er schätzt die Stringenz, mit der der Entwurf realisiert wurde: «Die Art und Weise, wie der Baukörper zum Nachbargrundstück einen Puffer bildet, ohne abzuriegeln, überzeugt.»

MEDIATHEQUE BURG GIEBICHENSTEIN UNIVERSITY OF ART AND DESIGN, HALLE

The design campus of the Burg Giebichenstein University of Art and Design in Halle resembles an open-air museum, narrating the institution's history. It unfolds around a villa perched above the Saale River that resembles a small castle. This eclectic building was erected in 1903 as the residence of the Steckner banking family, who lived there until 1934. Since 1975, it has housed the university's design faculty. Its occupation of the villa went hand in hand with a transformation – more accurately, a consumption – of the park-like grounds. One by one, teaching, administrative and workshop buildings encroached on the site. The planning of a new mediatheque in 2011 signalled the end of the landscaped garden. In their competition entry, Peter Zirkel, working with Christian Schmitz and ZILA Architekt.innen, retained the idea of the park and prevailed with a garden house typology.

The mediatheque unfolds as a three-storey structure along the northern boundary, deliberately kept below the eaves of neighbouring buildings. Embedded in the sloping terrain, it extends up to nine metres below ground; only a third is visible above. Its regular façade, clad in untreated vertical larch, combines elements of pergola and pavilion.

Given the high floor loads typical for a library, the upper storeys are constructed as a concrete skeleton frame with flat slabs. This enabled a sense of ease and lightness: the transparency of the ground floor draws the centre of campus into the building. The vertical windows halve in width with each ascending floor, and alternating openable wooden sections are incorporated. Vertical pilasters in front of the frames lend depth to the façade and shade the interiors.

Most shelving and storage, along with the double-height reading room, is dug into the earth. This ensures constant temperature in the open-access areas with minimal building services. Due to the site's proximity to the river, the concrete required exceptional water resistance. Yet the subterranean areas feel nothing like a basement: daylight filters gently down from the ground floor, and readers seated at tables can look up at the sky and treetops.

Designing for an art and design school can be challenging. In Halle, the client's appreciation for design enriched the collaboration. The planning team's dialogue with Martin Büdel, head of the workshops, was particularly close. He appreciates the rigour with which the concept was implemented: "The way the building creates a buffer towards its neighbours without sealing it off is highly convincing."

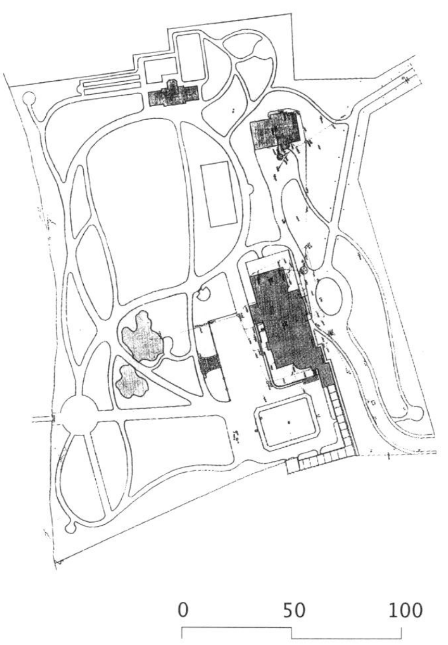

Wettbewerb: 2011, 1. Preis
Realisierung: 2015
In Zusammenarbeit mit: Christian Schmitz und ZILA Architekt.innen
Bauherrschaft: Burg Giebichenstein Kunsthochschule Halle
Standort: Neuwerk 7, 06108 Halle
Team: Falk Eisenächer, Carina Fürstenau, Dirk Lämmel, Silke Wollenweber, Clemens Zirkelbach

Competition: 2011, 1st Prize
Completion: 2015
In cooperation with: Christian Schmitz, ZILA Architekt.innen
Client: Burg Giebichenstein University of Art and Design Halle
Location: Neuwerk 7, 06108 Halle
Team: Falk Eisenächer, Carina Fürstenau, Dirk Lämmel, Silke Wollenweber, Clemens Zirkelbach

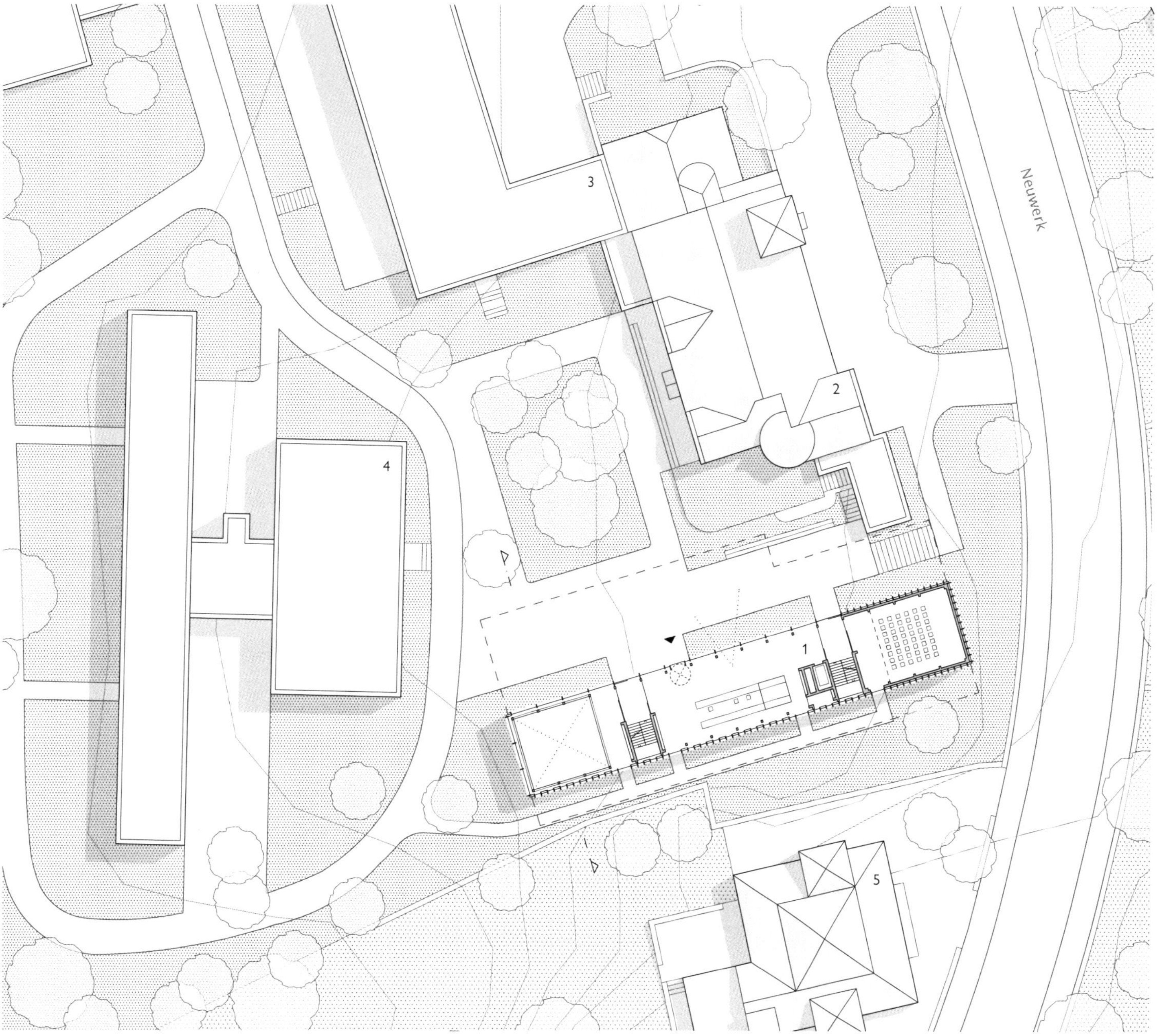

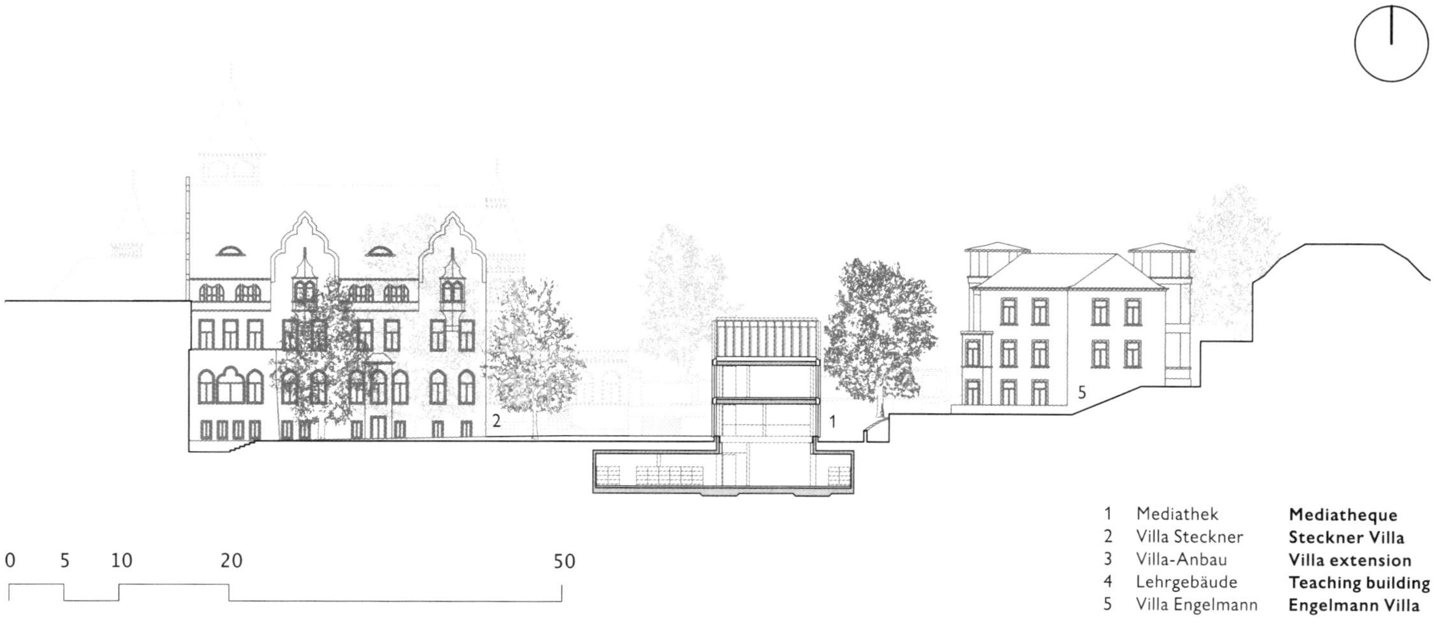

1	Mediathek	**Mediatheque**
2	Villa Steckner	**Steckner Villa**
3	Villa-Anbau	**Villa extension**
4	Lehrgebäude	**Teaching building**
5	Villa Engelmann	**Engelmann Villa**

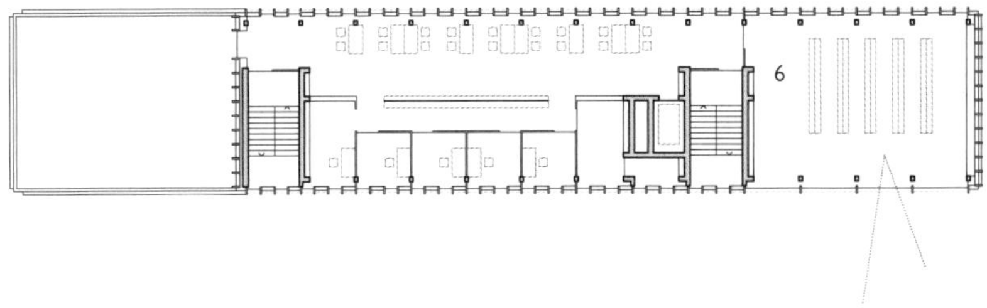

2. Obergeschoss
Second floor

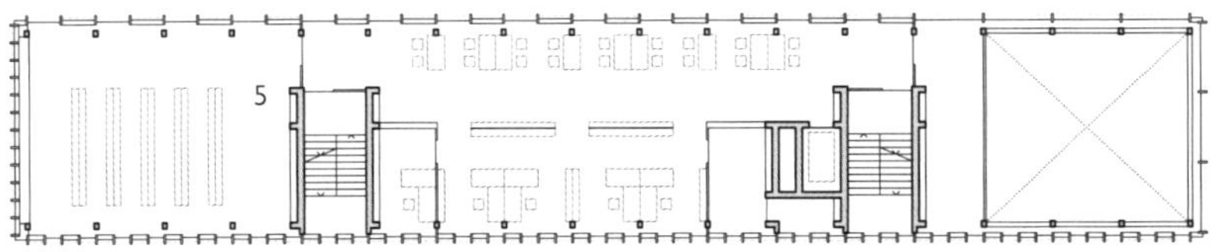

1. Obergeschoss
First floor

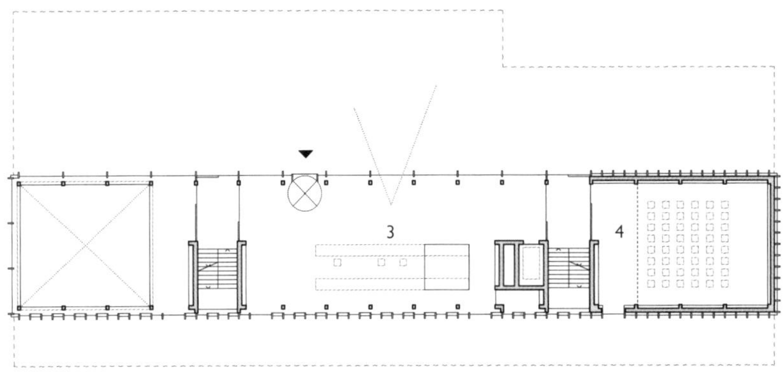

Erdgeschoss
Ground floor

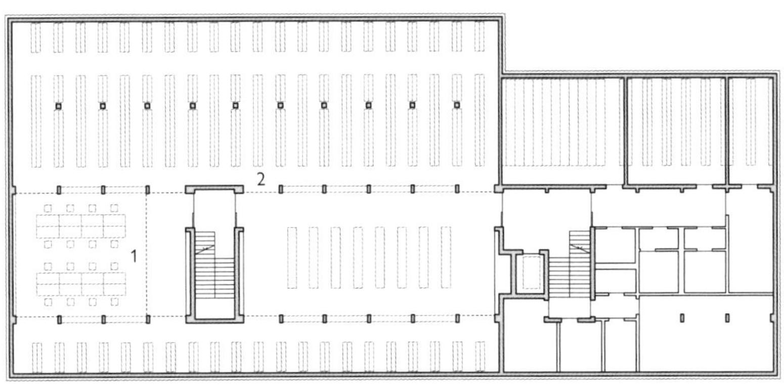

Untergeschoss
Basement floor

1	Lesesaal	**Reading hall**
2	Freihandbereich	**Open access area**
3	Ausleihe	**Loan area**
4	Seminarraum	**Seminar room**
5	Materialothek	**Material library**
6	Zeitschriften	**Magazines**

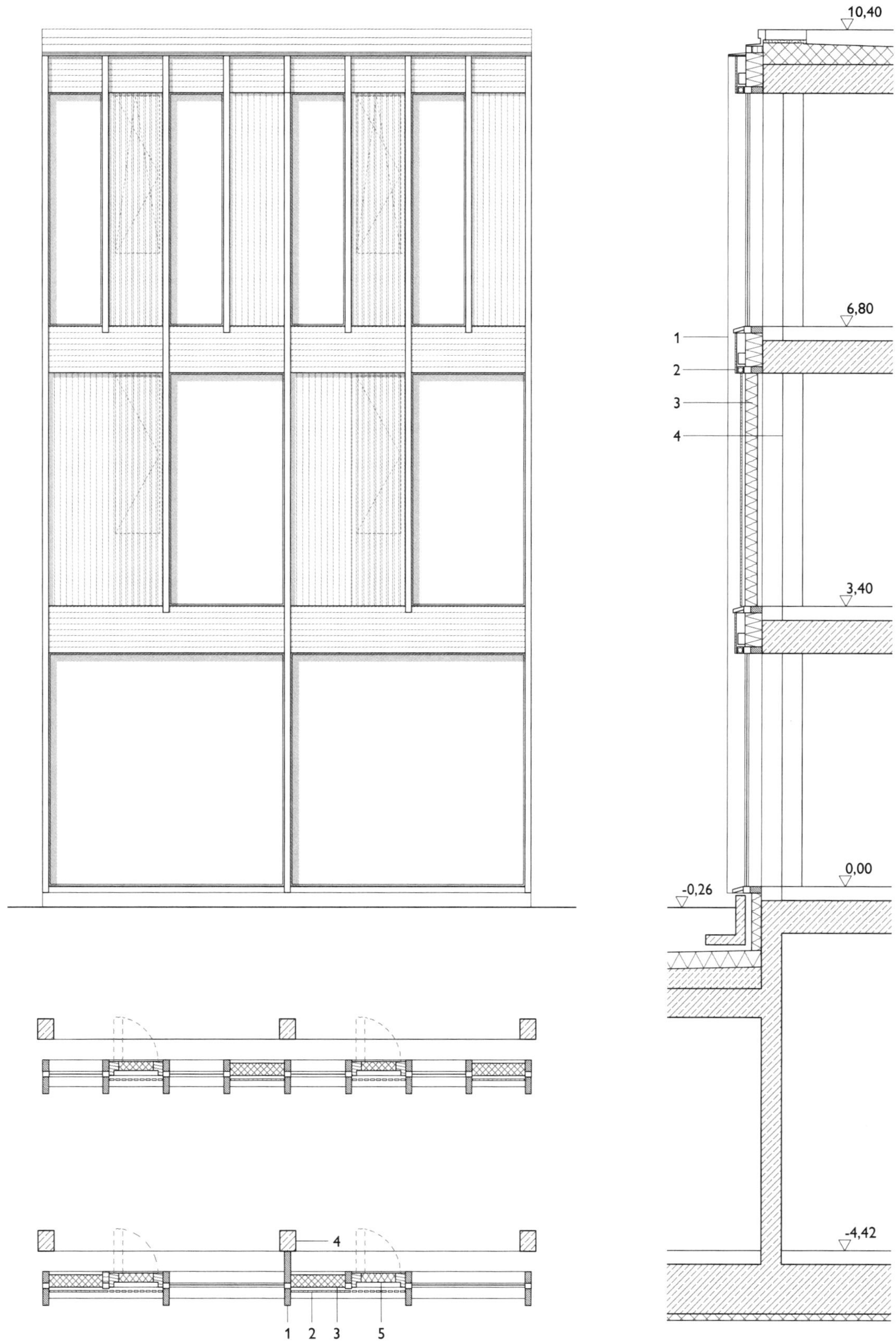

1	Lisene Fichte	**Spruce pilaster**
2	Bretterschalung Fichte	**Spruce planking**
3	Pfosten-Riegel-Fassade	**Post and beam façade**
4	Stahlbetonstütze	**Reinforced concrete column**
5	Lüftungsflügel opak	**Opaque ventilation flap**

THEATER IM ALTEN SCHLACHTHOF, NAUMBURG

Vorhandenes als abwesend in Szene zu setzen, ist ein Wagnis – knapp daneben ist schnell hart vorbei. Mit dem spiegelnden Ergänzungsbau für das Theater Naumburg (tN) haben Peter Zirkel Architekten gewagt und gewonnen. Zwischen zwei alten Backsteinbauten wirkt der Baukörper wie ein Trompe-l'œil: Wer vom Bahnhof hinauf zum mittelalterlichen Stadtkern spaziert, mag sich die Augen reiben: Steht da etwas? Schmale Abdeckleisten und eine zurückhaltende Attika bestätigen schliesslich, was zunächst nur zu erahnen war.

Das kleinste Stadttheater Deutschlands bespielte jahrzehntelang einen ehemaligen Gasthof. Vieles war ungenügend, moniert Intendant Stefan Neugebauer. Das einstige Schlachthof-Areal fungierte zunächst als Ausweichquartier – und bewies dabei seine exzellente Eignung als permanente Adresse. Auch von seiner Lage in Bahnhofsnähe erhofft man sich überregionale Strahlkraft.

Peter Zirkel Architekten erhielten 2021 in einem öffentlichen Vergabeverfahren den Zuschlag. Der in den Zwischenraum des zuvor H-förmig strukturierten Gebäudes platzierte Spiegelwürfel ordnet die Gemengelage so nonchalant wie umfangreich: Publikums- und Personalwege sind klar getrennt. Die Verbindung von Empfang, Café und Saal ist unkompliziert gewährleistet. Nachts leuchtet das Foyer wie eine Guckkastenbühne in den Stadtraum. Ein nicht bis ins Letzte kalkulierter, aber goutierter Effekt.

Von der Foyer-Ergänzung abgesehen sind die Eingriffe dezent; ein Wenig, das viel hermacht, jedoch auch viel Einsatz forderte: Das rohe Ziegelwerk der Bühnenrückwand war keineswegs so vorgefunden, vielmehr wurde der Putz abgeschlagen. Diese Entscheidung überzeugt konzeptionell, sind Ziegel doch auf dem Gelände omnipräsent. Freigelegt oder dünn geschlemmt, behalten die Steine ihre Ausdruckskraft und die Fähigkeit, vom Dagewesenen zu berichten. Zugefügtes wie der Boden aus Gussestrich trägt durch sein rohes Finish zum einheitlichen Wesen des ganzen Hauses bei. Der Intendant lobt, die Eigenart des Bestands werde nicht nur gewahrt, sondern vielmehr inszeniert.

Und auch im Hinblick auf funktionale Fragen zeigt er sich erfreut. Die Theaterwerkstätten haben endlich Raum. Vor allem aber lässt sich der neue Saal auf mobilen Podesten mit 110 statt vormals 80 Plätzen bestuhlen. Die Bühne ist vielseitiger einsetz- und einsehbar. Für die Technik wurden eine Empore und Traversen installiert. Eine Studiobühne ermöglicht parallele Produktionen, und in Planung ist die Ausgestaltung des Freiraums für Open-Air-Vorstellungen.

Zwei Monate vor Eröffnung, im Februar 2025, steht Neugebauer am Vorplatz. Das Logo tN wird am Schornstein strahlen – und «dort an der Wand des Kühlturms das Schwein», zeigt Neugebauer. Entworfen vom Hallenser Künstler Moritz Götze soll ein riesiges Schweinsbild mit angezeichneten Teilstücken die einstige und heutige Nutzung verknüpfen: Fünf Filetstücke fürs Fünfspartentheater.

THEATRE IN THE OLD SLAUGHTERHOUSE, NAUMBURG

Trying to make something disappear is a bold move. One false step and the whole idea collapses. With the mirrored extension for Theater Naumburg, Peter Zirkel Architekten took that risk and succeeded. Wedged between two brick buildings, the new volume acts like a trompe-l'œil. Those walking from the station towards the medieval centre may well rub their eyes. Is something there? Only slim capping strips and a discreet parapet confirm its presence.

Germany's smallest municipal theatre had long occupied a former inn. Many aspects were inadequate, as director Stefan Neugebauer recalls. The nearby slaughterhouse, first used as a temporary home, soon proved ideal. Its proximity to the station is expected to draw a wider audience.

Awarded the project in 2021, the architects placed a mirrored cube in the courtyard of the H-shaped structure, reorganising the site with clarity: public and staff areas are now separate; reception, café and auditorium are seamlessly connected. At night, the foyer glows towards the city like a stage set, a happy, unplanned effect.

Beyond the foyer, the interventions are modest yet impactful. The raw brick of the stage wall, uncovered by stripping plaster, resonates conceptually; brick is a constant here. Whether fully exposed or lightly washed, it retains its expressive texture and evokes the past. Elements like the screed floor add to the building's character with their unfinished honesty. The director is pleased that the building's original spirit has not only been preserved but brought to the fore.

The project also succeeds functionally. Workshops now have ample space. The auditorium offers 110 mobile seats, up from 80. The stage is more versatile and better seen. Lighting bridges and a gallery support technical equipment. A studio stage enables parallel productions, and an outdoor venue is planned.

In early 2025, Neugebauer stands on the forecourt. The tN logo will soon shine from the chimney. "And there on the cooling tower wall: the pig," he says, pointing. Artist Moritz Götze has designed a giant pig with traditional butchery cuts, linking past and present: five cuts for a five-genre theatre.

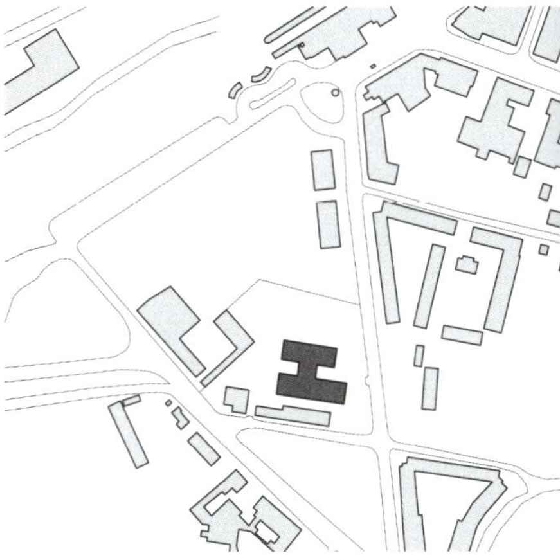

Wettbewerb: 2021, 1. Preis
Realisierung: 2025
Bauherrschaft: Stadt Naumburg
Standort: Roßbacher Straße 12, 06618 Naumburg (Saale)
Team: Josephine Galiläer, Conrad Lohmann, Emanuel Schmidt

Competition: 2021, 1st Prize
Completion: 2025
Client: City of Naumburg
Location: Roßbacher Straße 12, 06618 Naumburg (Saale)
Team: Josephine Galiläer, Conrad Lohmann, Emanuel Schmidt

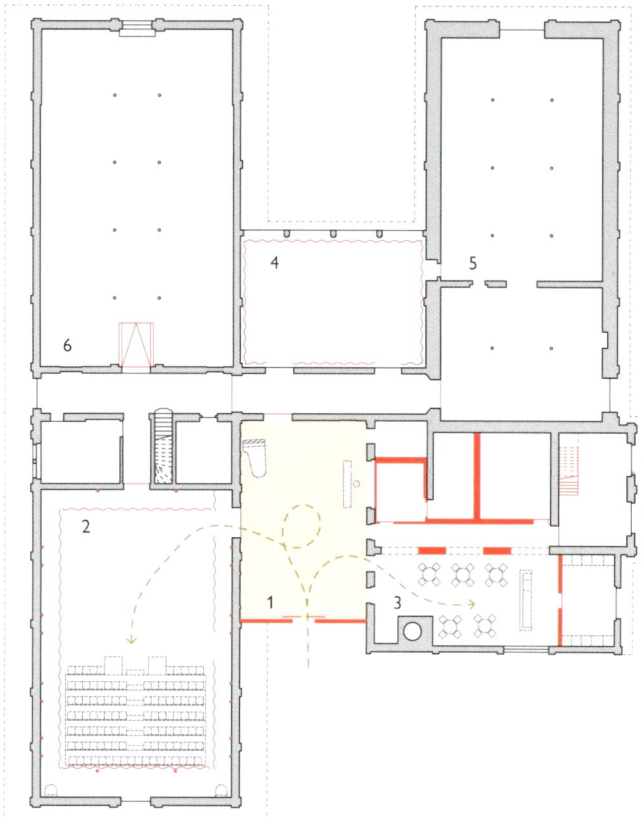

1	Foyer	**Foyer**
2	Theatersaal	**Theatre**
3	Gastronomie	**Gastronomy**
4	Studiobühne	**Studio stage**
5	Kulissenlager	**Scenery storage**
6	Werkstatt	**Workshop**

0 5 10 20

Herr Zscherper ist stolz, denn dank der Arbeit seines Fördervereins hat das nordsächsische Dorf Canitz wieder eine Kirche. Bereits im 13. Jahrhundert gab es im Ort eine romanische Kapelle. Später wurde sie erweitert und in einen Gutshof eingebunden. Über dem Grundriss des Ursprungsbaus ist nun ein neuer, in Grösse und Dekor reduzierter Kirchenraum entstanden.

Nachdem das Kirchlein 1968 wegen Einsturzgefahr geschlossen worden war, hatte man Mitte der 70er Jahre das Dach abgetragen. Über Jahre trat Feuchtigkeit in das Mauerwerk ein. Vereinsvorstand Zscherper verbildlicht: «Als wir 2006 angefangen haben, die Ruine aufzuräumen, konnte man die Feldsteine wie Pfefferkuchen aus den Wänden schieben.» Die Canitzer wollten einen Raum zum Zusammensein, die Sanierung diente also nicht nur der sakralen Funktion. Ab 2019 entwickelten Peter Zirkel Architekten unter einem bereits kurz zuvor erneuerten Dach ein bescheidenes Projekt. Sie hatten sich in einer kleinen geladenen Konkurrenz durchsetzen können. Die Hälfte der Baukosten sollte aus Eigenmitteln finanziert werden – entsprechend gering galt es den Aufwand zu halten. Das gelang unter anderem durch die Teilnahme einiger Vereinsmitglieder an einer Fernsehshow. Im Juni 2022 feierte die Gemeinde schliesslich den ersten Gottesdienst. «Das war ein toller Moment», erinnert sich Zscherper.

Das Kirchenschiff ist nach Osten optisch geöffnet: Hinter einer Glaswand liegt der vormalige Altarraum nebst Sakristei zum Hof umgewandelt. Schräggestellte Holzlamellen gestalten den Abschluss halbtransparent – mittig geschlossen erhöht sich die Blickdurchlässigkeit zu den Seiten hin. So schauen die Gläubigen zum Licht, ohne geblendet zu werden. Das Lärchenholz der Lamellen und Fensterrahmen, das Fichtenholz des Dachstuhls, die Tür aus Eiche und die Möbel aus geweisster Esche ergeben zurückhaltende Vielseitigkeit, die mit dem hellen Sandsteinboden harmoniert. Die unterschiedlichen Tönungen kommen sich nah und halten doch Abstand, in einem sorgfältig austarierten Mass. Auch das Gestühl bringt die Anmut des kleinen Raums zur Geltung. Im hinteren Bereich zog Peter Zirkels Team eine kleine Orgelempore ein. Sie berührt, ebenfalls der Leichtigkeit halber, nicht die Aussenwände. Für einige gestalterische Entscheidungen waren denkmalpflegerische Bedenken ausschlaggebend. So bildet sich etwa das Feldsteinmauerwerk weder aussen noch innen ab. An den Fensterfassungen ist erkennbar, welche Teile der Laibungen erhalten waren. Ein sinnbildlich frischer Wind weht durch die sprossenfreien Seitenfenster in den Raum.

Die Canitzer Kirche ist, in den Worten des Fördervereins, «ein mit Geduld und Durchhaltevermögen verwirklichtes Gemeinschaftsprojekt». Aus bauhistorischer Sicht attestiert der Dresdner Denkmalpfleger Thomas Will dem Eingriff «baumeisterliche Haltung».

Mr Zscherper is proud. Thanks to the work of his community association, the small village of Canitz in northern Saxony once again has a church. A Romanesque chapel stood here as early as the 13th century. Later extended, it became part of a manor estate. Reduced in size and decoration, the new church now stands on the original footprint.

The chapel was closed in 1968 due to the risk of collapse, and by the mid-1970s the roof had been removed. Over the years, moisture penetrated the masonry. Mr Zscherper recalls: "When we began clearing the ruin in 2006, you could push the fieldstones out of the walls like gingerbread." The people of Canitz wanted a place to gather, the project was never solely about religion. In 2019, following a recently renewed roof, Peter Zirkel Architekten developed a modest design that had won in a small invited competition. Half of the construction costs were to be funded by the community. The project was thus kept deliberately simple. This was made possible in part by several members of the association participating in a television show to raise funds. In June 2022, the community celebrated the first service in the new church. "That was a wonderful moment," says Zscherper.

The nave is visually opened to the east: behind a glass wall, the former altar and sacristy have become a courtyard. Angled timber louvres form a semi-transparent screen, closed at the centre and opening towards the sides. This allows the congregation to face the light without being dazzled. The larch used for louvres and window frames, the spruce of the roof, the oak door and the ash furniture create a restrained palette that harmonises with the sandstone floor. Subtle tonal shifts strike a balance: close enough to relate, distinct enough to stand apart. The benches further emphasise the quiet grace of the space. At the rear, the team installed a small organ gallery, deliberately detached from the outer walls to preserve a sense of lightness.

Some design decisions were heritage-driven. The original fieldstone masonry is not visible on the exterior or interior, but it is legible in the window reveals, which show parts of the historic openings. A literal breath of fresh air now flows through the space, entering via the muntin-free side windows.

In the words of the community association, the church in Canitz is "a project made possible through patience and perseverance". Architect and conservationist Thomas Will of Dresden describes the result as one of "architectural integrity".

1975

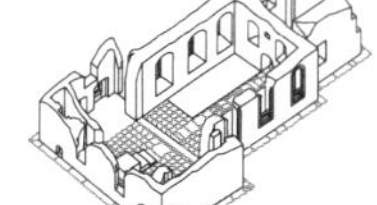

2015

2022

Wettbewerb: 2018, 1. Preis
Realisierung: 2022
Bauherrschaft: Evangelisch-Lutherische Kirchgemeinde Oschatzer Land
Standort: Schäfereistraße 7, 01591 Riesa
Team: Hans Boettcher, Philipp Leder, Conrad Lohmann

Competition: 2018, 1st Prize
Completion: 2022
Client: Oschatzer Land Protestant-Lutheran Church
Location: Schäfereistraße 7, 01591 Riesa
Team: Hans Boettcher, Philipp Leder, Conrad Lohmann

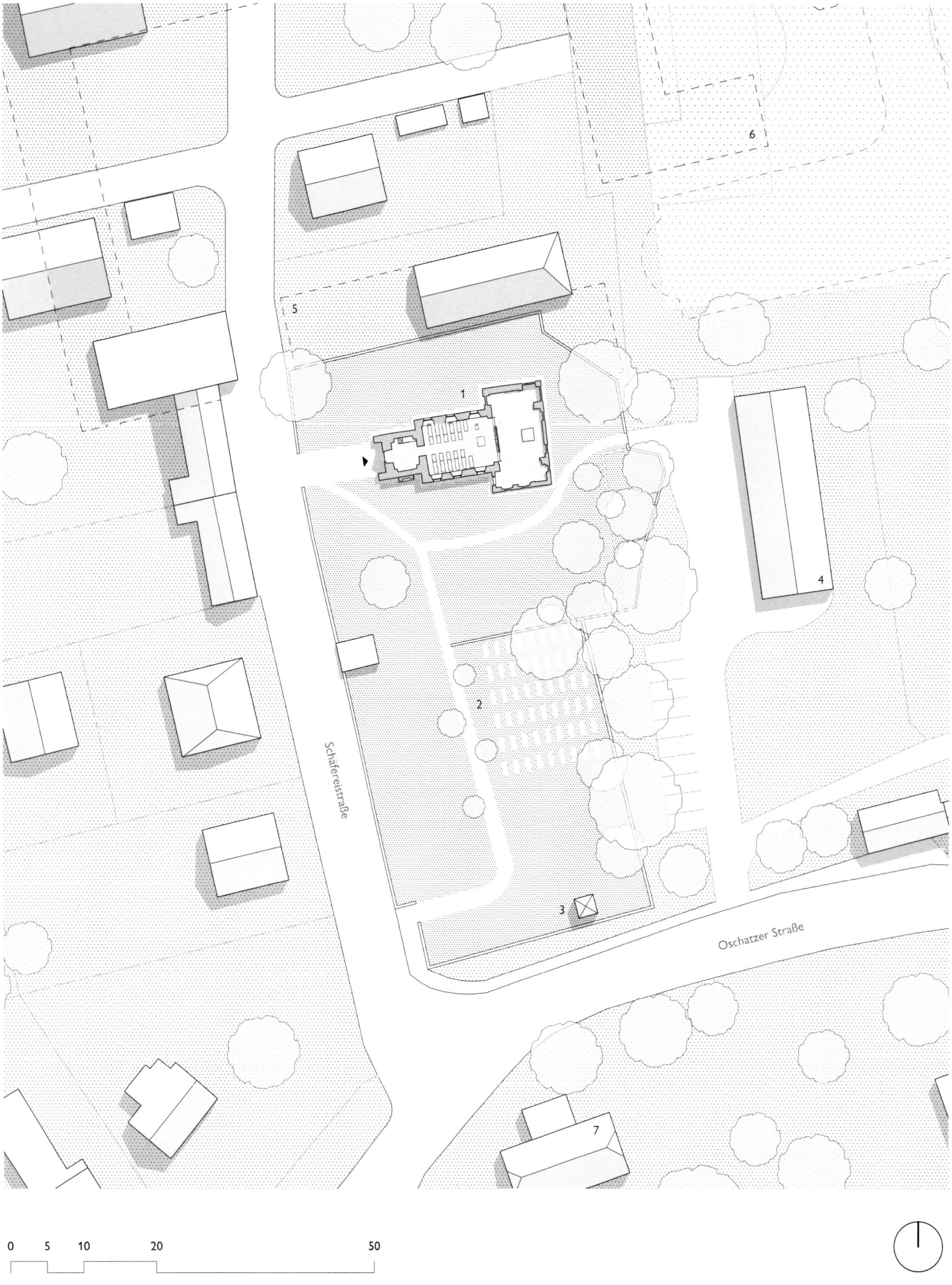
1
2
3
4
5
6
7
Schäfereistraße
Oschatzer Straße
0 5 10 20 50

1	Kirche	**Church**
2	Friedhof	**Graveyard**
3	Glockenhaus	**Bell house**
4	Vereinsheim	**Clubhouse**
5	ehem. Gutshof	**Former grange**
6	ehem. Schloss mit Schlossteich	**Former castle with pond**
7	ehem. Pfarrhaus	**Former rectory**

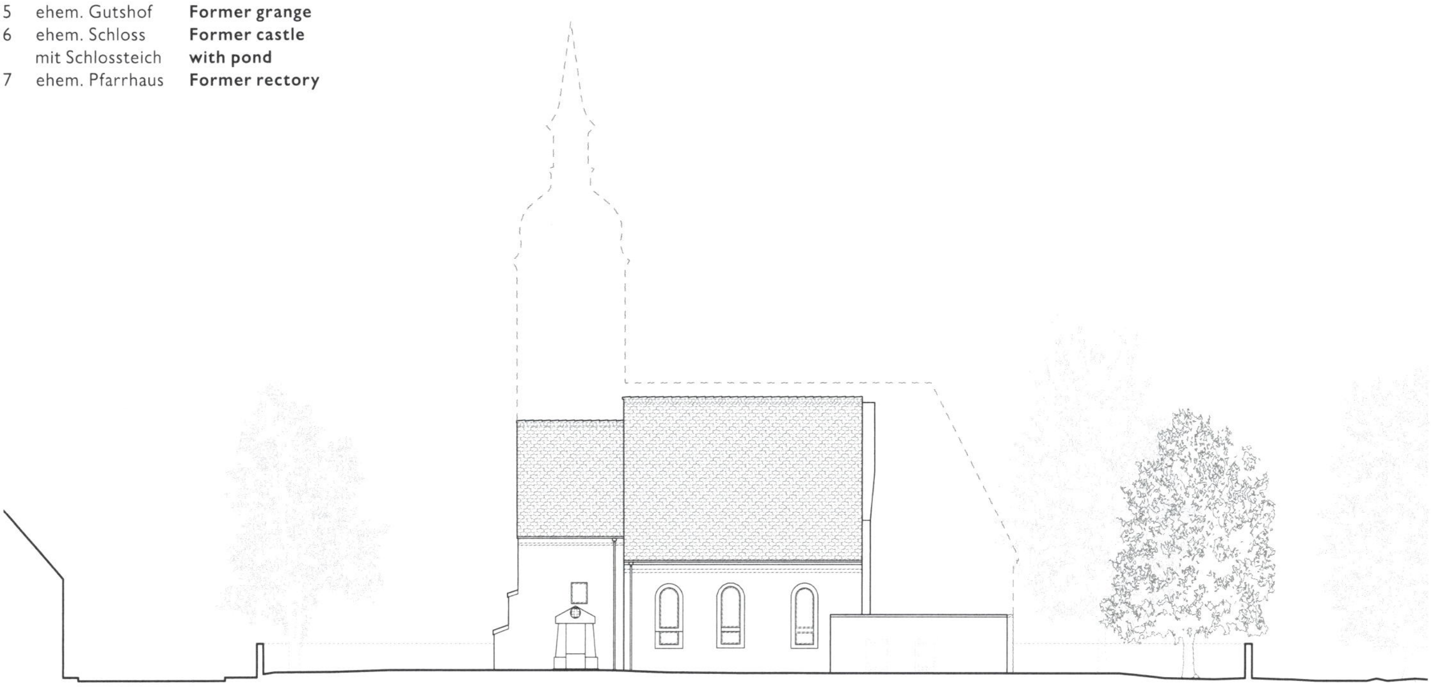

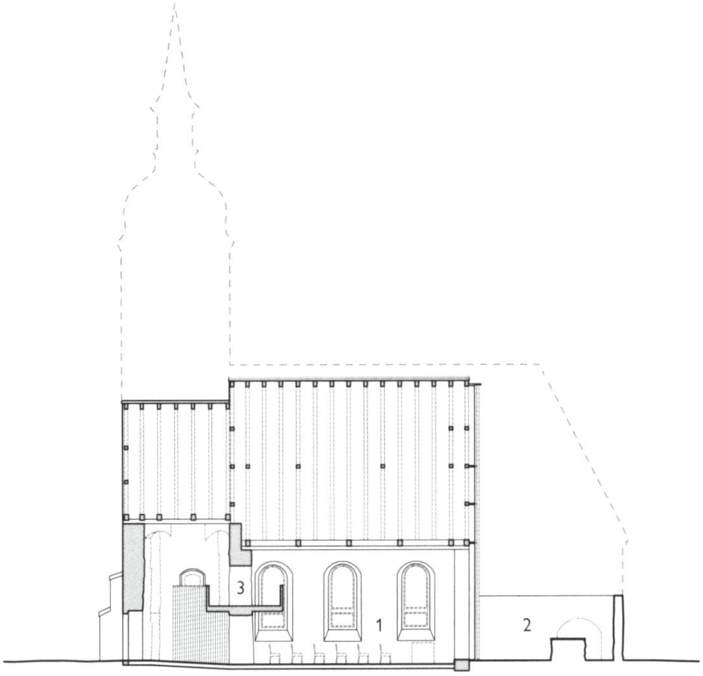

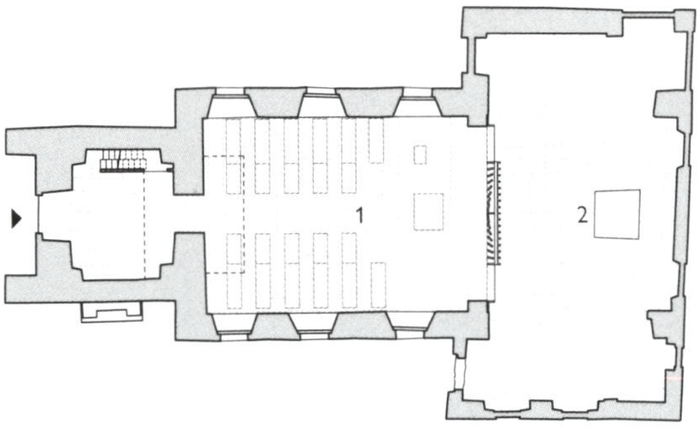

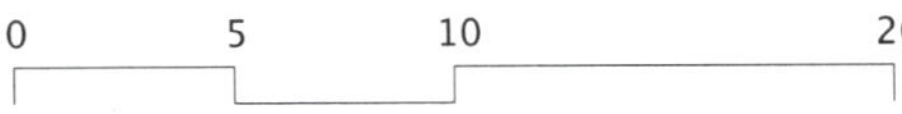

1 Kirchenraum **Church**
2 Freihof **Courtyard**
3 Orgelempore **Organ gallery**

Die Sanierung und Neukonzeption der zum Heinrich-Schütz-Haus in Weißenfels gehörenden Gebäudefamilie folgt auf ein Verhandlungsverfahren, das die Arbeitsgemeinschaft der Dresdner Architekturbüros Heine Mildner und Peter Zirkel 2023 für sich entscheiden konnten. Der im Bad Köstritz geborene und in Venedig ausgebildete Komponist (1585–1672), der später auch am Hof in Dresden wirkte, verbrachte seine Kindheit und seinen Lebensabend in der heute sachsen-anhaltinischen Kleinstadt. Das Museum Heinrich-Schütz-Haus, zugleich Veranstaltungsstätte, wurde 1985 gegründet. Es ist in städtischer Hand.

Ziel der Ausschreibung waren eine Optimierung des Museumsrundgangs und brandschutzrelevante Verbesserungen. Ein Bau aus der späten DDR-Zeit, der östlich an das Haupthaus anschliesst und ohne überzeugend kontextbezogenen Anspruch errichtet wurde, sollte ersetzt werden. Zudem ist die Ertüchtigung des Hinterhauses avisiert, das das prächtige Renaissance-Vorderhaus historisierend ergänzt. Das Haupthaus soll kaum verändert, jedoch vom Publikumsverkehr entlastet werden.

Der Entwurf des Neubaus zeichnet einzelne Motive des Renaissancegebäudes in gegenwärtiger Ausdrucksweise nach: In Anlehnung an zwei in das traufständige Dach eingelassene Zwerchhäuser zeigt auch der neue Gebäudeteil ein solches Element. Die Fassade wird in Ziegel ausgeführt. Eine textil anmutende, reliefartig ausgebildete Gitternetzstruktur greift die Feingliedrigkeit des Bestands auf und überträgt sie in eine eigenständige Gestaltungseinheit. Auch die für die Barockzeit typische Auskragung des oberen Geschosses findet im Ergänzungsbau eine Entsprechung. Der zu ersetzende DDR-Bau hatte den ursprünglichen Verlauf einer Gasse negiert. Das neue Gebäude wird im Erdgeschoss einen knappen Meter zurückspringen und sie wieder freigeben.

Bei aller Anleihe integriert der Umbau zeitgenössische Elemente wie einen Flachdachabschluss mit Oberlicht oder runde Fenster in den neuen Zwerchhäusern. Auch sind die rückwärtigen Öffnungselemente im Erdgeschoss heutigen Anforderungen und Sehgewohnheiten entsprechend grosszügig ausgebildet. Zum Hof ermöglichen Schiebetüren die einfache Verbindung von Aussen- und Innenraum. An der Strasse fungiert die Fassade vollflächig als inszenierendes Element: Vor dem Treppenhaus ist die Ziegelschicht als Lochmauerwerk transluzent ausgebildet. Dieser bei Dunkelheit in den Stadtraum strahlende vertikale Streifen lädt als Akzent in die neu geschaffene Schütz-Lounge ein. Hier sollen kostenfreie Programme helfen, die Kultureinrichtung vom Museum zu einem «Dritten Ort», einem Treffpunkt und Ort der Gemeinschaft, weiterzuentwickeln. Das Heinrich-Schütz-Haus möchte ein Anlaufpunkt nicht nur für Liebhaberinnen und Liebhaber Alter Musik, sondern für alle Weißenfelser und Weißenfelserinnen sein.

The renovation and redesign of the building ensemble belonging to the Heinrich Schütz House in Weissenfels followed a negotiated competition, awarded in 2023 to the collaboration between the Dresden-based practices of Heine Mildner and Peter Zirkel. Composer Heinrich Schütz (1585–1672), born in Bad Köstritz and trained in Venice, later served at the Dresden court. He spent both his childhood and final years in the small town now in Saxony-Anhalt. The Heinrich Schütz House museum, which also serves as a venue, was established in 1985 and is publicly owned.

The competition aimed to improve visitor flow through the museum and address essential fire safety upgrades. A building from the late GDR era, which adjoins the main house to the east but lacks meaningful architectural connection, is to be replaced. The rear building, which historically complements the grand Renaissance front, is also to be refurbished. The main house itself will remain largely untouched but relieved of some visitor traffic.

The new building's design picks up individual motifs from the Renaissance structure and reinterprets them in a contemporary form. Echoing the two dormers set into the pitched roof, the new section features a similar element. The façade will be built in brick. A lattice-like structure, with the texture and appearance of fabric, references the intricate detailing of the existing building but translates it into a distinctive, self-contained design. Another reference is the cantilevered upper storey, typical of Baroque buildings, which finds an echo in the addition.

The GDR-era building previously disrupted a former alleyway. The new building will step back by almost a metre at ground level, allowing the alley to be reinstated.

Alongside these historical references, the redesign integrates contemporary features such as a flat roof with skylights and circular dormer windows. Openings to the rear at ground level are generously proportioned to meet current standards. Sliding doors allow a seamless flow between indoor and outdoor spaces in the courtyard. The street-facing façade is conceived as a staged element: in front of the stairwell, the brickwork forms perforated masonry, producing a translucent surface. This vertical strip, glowing at night, draws visitors towards the newly created "Schütz Lounge". The aim is to offer a free public programme here, helping the institution evolve from museum to "third place", a meeting point and community space. The Heinrich Schütz House aspires to be a destination not only for early music lovers but for the wider community in Weissenfels.

Wettbewerb: 2023, 1. Preis
Realisierung: 2028
In Zusammenarbeit mit:
Heine Mildner Architekten
Bauherrschaft: Stadt Weißenfels
Standort: Nikolaistraße 9,
06667 Weißenfels
Team: Josephine Galiläer,
Baptiste Grassin

Competition: 2023, 1st Prize
Completion: 2027
In cooperation with: Heine Mildner Architekten
Client: City of Weissenfels
Location: Nikolaistraße 9, 06667 Weissenfels
Team: Josephine Galiläer, Baptiste Grassin

GENOSSENSCHAFTSGEBÄUDE JOHANNSTADT, DRESDEN

Die Genossenschaftsidee ist topaktuell: sich zusammentun, um, was man hat, zum gemeinschaftlichen Wohl einzusetzen. Einen ersten modernen Ansatz stellte eine 1844 von englischen Webern gegründete Konsumgenossenschaft dar. Infolge der Industrialisierung wuchs mit dem Zuzug ländlicher Bevölkerung in die Städte die Wohnungsnot, und spätestens das Rote Wien bewies, dass Genossenschaften auch dahingehend taugen.

Heute sind vor allem in Ostdeutschland noch viele Mietwohnungen in genossenschaftlicher Hand, in Dresden etwa ein Drittel. Der Neubau von Peter Zirkel für die Wohnungsgenossenschaft Johannstadt (WGJ) ist einer von wenigen seiner Art. Nach der Wende gerieten viele dieser privatwirtschaftlichen Unternehmen in finanzielle Not. Die WGJ konnte die schwierigen Fahrwasser gut navigieren. Vorstand Alrik Mutze führt unter anderem die attraktiven Lagen als Pluspunkt an: «Zu Zeiten höchsten Leerstands hatten wir es mit 6 Prozent zu tun, andere Dresdner Genossenschaften mussten mit 10 bis 15 Prozent umgehen.» Genossenschaften bieten in der Regel keinen sozialen Wohnungsbau, wohl aber ein soziales Gefüge an. Wesentlich für ihr Geschäftsmodell sind kluge Investitionen, und Bestandspflege zahlt sich aus. So konnte das Bauprojekt mit 24 Wohnungen und drei Ladenlokalen im Sockel in hochwertiger Art und Weise errichtet werden.

Als Kombination aus Sechs- und Achtgeschosser vermittelt das Haus zwischen den Formen seiner Umgebung. Die Dresdner Johannstadt, 1945 stark zerstört, zeigt sich heute als serielles Quartier mit Zeilen und Punkthäusern der 1950er und Grossstrukturen der 70er Jahre. Auf der strassenabgewandten Seite tritt die Gebäudebasis leicht hervor, was den Bruch zu einem benachbarten Flachbau abmildert.

Mit seiner geschwungenen Form zur Strasse hin knüpft der Neubau ans Streamline-Design der 30er Jahre an. Nach hinten vermitteln die durchgesteckten Ladeneinheiten des Erdgeschosses zu einem zweigeschossigen Ärztehaus. Zart aus dem hellgelben Mauerwerk hervortretende Bänder unterstützen die Bewegung entlang der Strasse. Der Klinker stammt von einer regionalen Ziegelei, die mit Strangpressverfahren arbeitet. Dadurch sind die Oberflächen ebenmässig, allein die durch den Brand herbeigeführte Varianz belebt das Material. Die Fertigungsmethode ermöglicht zudem Formsteine, die etwa für die weichen Übergänge der Fensterlaibungen zum Einsatz kamen.

Die kleinen, altersgerechten und für Familien ausgelegten Wohnungen sind um zwei Treppenhäuser angeordnet – im niedrigeren Gebäudeteil als Zwei- und im Turm als Dreispänner. Aufgrund der strassenseitigen Lage sind die Aussenbereiche als Loggien zurückversetzt. Genossenschaftler Mutze konstatiert, dass derzeit vor allem Familienwohnungen sehr gefragt seien. Zugleich hätten es grosse Wohnungen am schwersten am Markt: «Eine Fünfraum-Wohnung mit 120 Quadratmetern bewegt sich bei einem Quadratmeterpreis von 13–14 Euro fast in der Liga Einfamilienhaus.»

COOPERATIVE BUILDING JOHANNSTADT, DRESDEN

Joining forces to use shared resources for the common good, the idea of the cooperative feels more relevant than ever. One of the first modern examples was a consumer cooperative founded by English weavers in 1844. As industrialisation accelerated and people moved from the countryside to cities, housing shortages became acute. In Red Vienna, cooperatives proved they could offer a solution.

Today, many rental flats in eastern Germany are still held by cooperatives. In Dresden, roughly a third. The new building by Peter Zirkel Architekten for the Johannstadt Housing Cooperative (WGJ) is one of only a few of its kind. After reunification, many of these organisations faced serious financial difficulties. The WGJ navigated these turbulent waters successfully. Board member Alrik Mutze cites their attractive locations as a key advantage. "Even during periods of peak vacancy, our rate was only six percent, while other Dresden cooperatives had to contend with ten to fifteen percent." Cooperatives typically do not offer social housing in the strict sense, but they do provide a strong social framework. Their model depends on wise investment, and maintaining the existing stock pays off. This project, with 24 flats and three retail units at ground level, could therefore be realised to a high standard.

The building, a combination of six and eight storeys, mediates between the volumes of its surroundings. Johannstadt was heavily bombed in 1945 and today appears as a serial neighbourhood, with long housing rows and 1950s towers alongside large-scale 1970s structures. On the side away from the street, the base gently steps forward, easing the transition to a low-rise structure.

Towards the street, the curving façade draws on the streamline design of the 1930s. The ground-floor retail units continue through to the rear, mediating the relationship with a two-storey medical centre. Delicate bands emerge slightly from the pale yellow brickwork, guiding movement along the street. The bricks come from a local brickyard using an extrusion process. This produces even surfaces, yet natural variation from firing gives the material a lively, tactile quality. The method also enabled custom bricks, used to form smooth transitions at the window reveals.

The compact, age-appropriate and family-friendly flats are arranged around two stairwells, in the lower part with two flats per floor, and in the tower with three. Due to the street-facing location, balconies are set back as loggias. Mutze notes that family flats are in high demand. Larger flats, however, are harder to place. "A five-room flat with 120 square metres is almost in the price range of a detached house. We're talking about 13 to 14 euros per square metre."

Wettbewerb: 2016, 1. Preis
Realisierung: 2019
Bauherrschaft: Wohnungsgenossenschaft Johannstadt
Standort: Striesener Straße 31/33, 01307 Dresden
Team: Sara Bailer, Richard Drechsler, Falk Eisenächer, Emanuel Schmidt, Christine Wehner

Competition: 2016, 1st Prize
Completion: 2019
Client: Johannstadt Housing Cooperative
Location: Striesener Straße 31/33, 01307 Dresden
Team: Sara Bailer, Richard Drechsler, Falk Eisenächer, Emanuel Schmidt, Christine Wehner

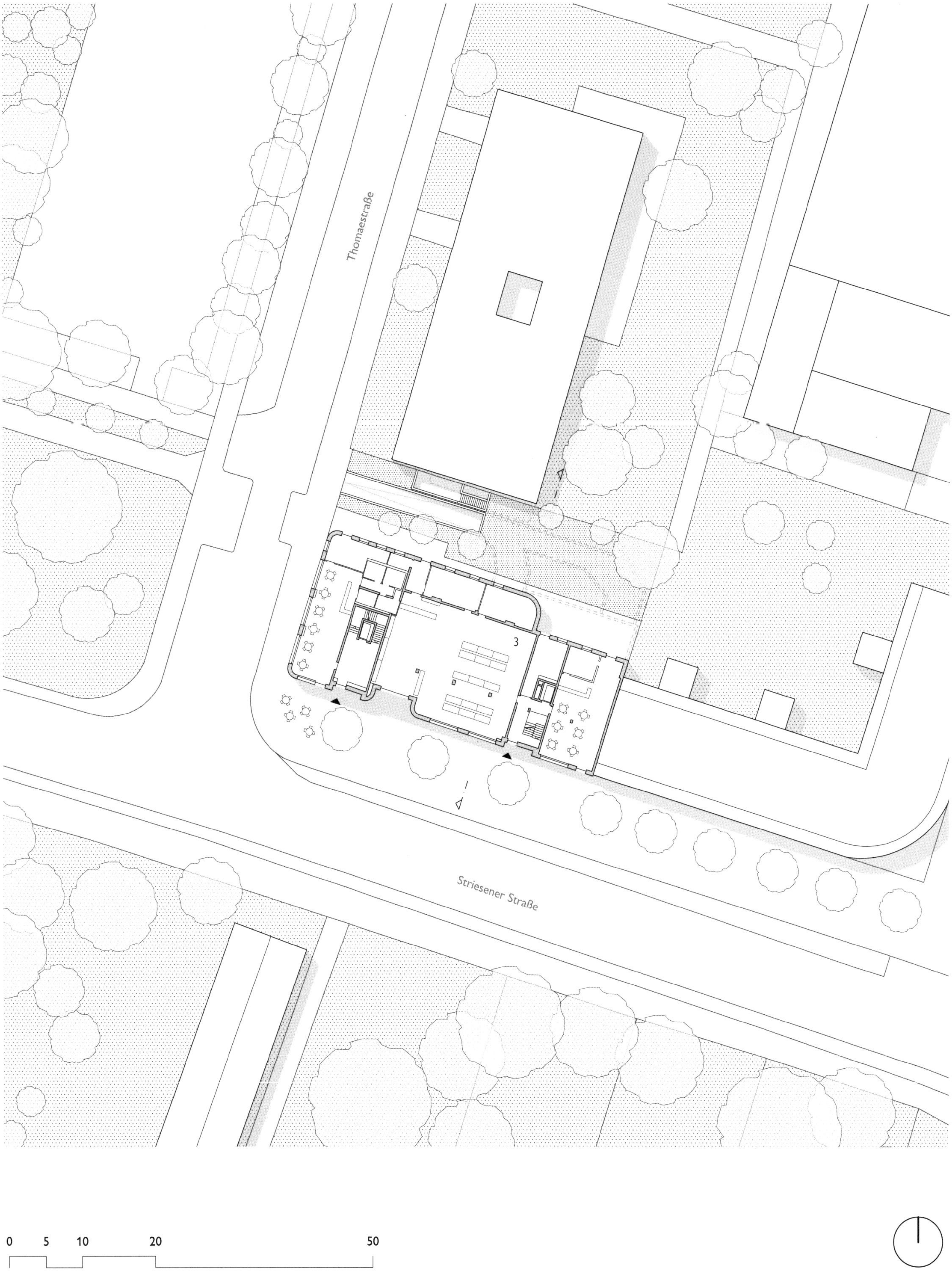
Thomaestraße
3
Striesener Straße
0
5
10
20
50

1 Wohnen **Flats**
2 Büro **Office space**
3 Gewerbe **Commercial space**

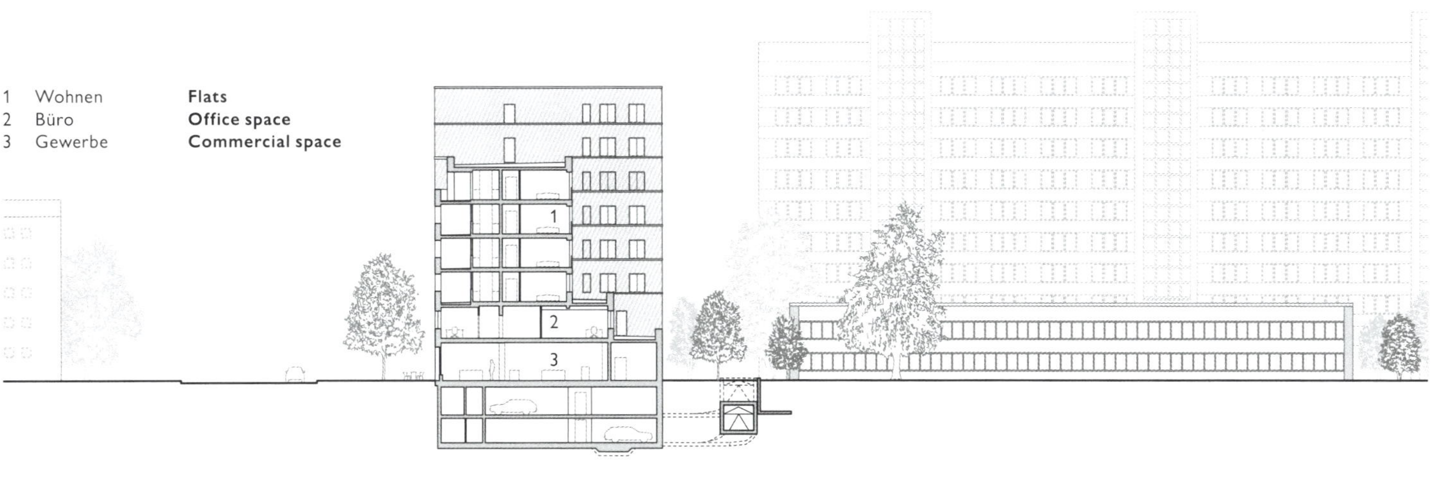

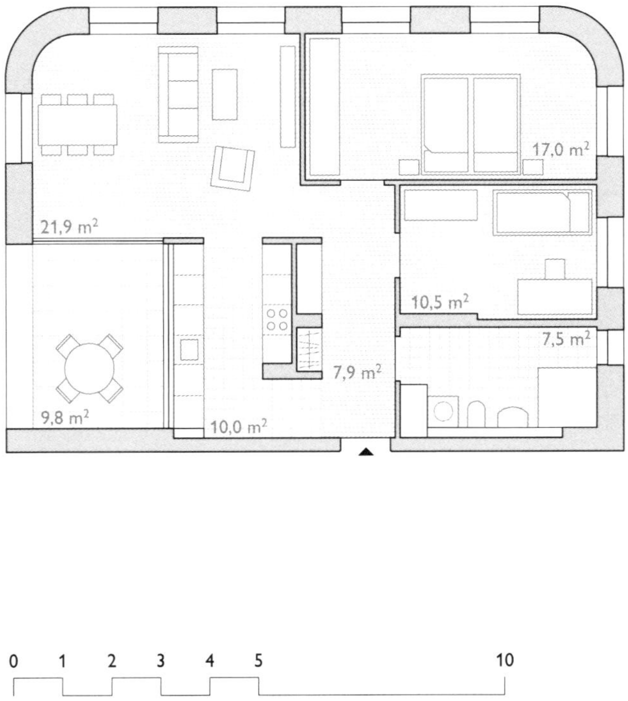

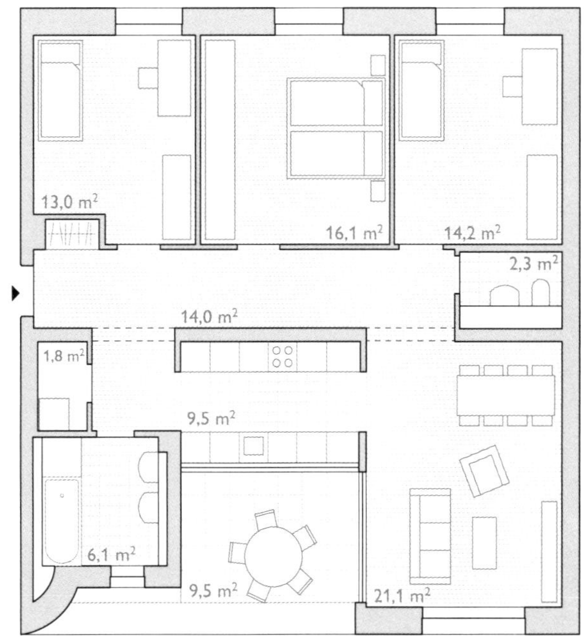

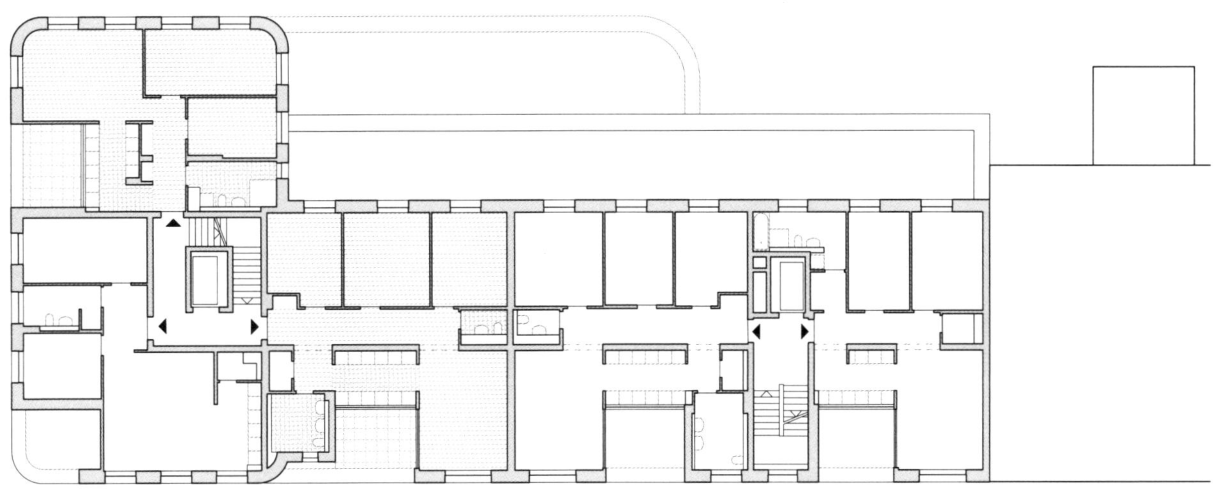

Regelgeschoss

Standard floor

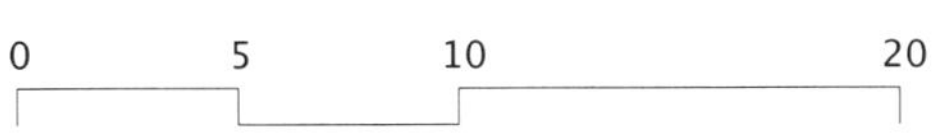

BUNDES
FILM
ARCHIV

FEDERAL FILM ARCHIVES, HOPPEGARTEN

2023 erhielten die Architekturbüros Peter Zirkel und Heine Mildner in einem Verhandlungsverfahren den Zuschlag für die Erweiterung des Bundesfilmarchivs in Hoppegarten östlich von Berlin. Auf rund 14 000 Quadratmetern soll der neue Bau die Lagermöglichkeiten eines 2005 errichteten Servicegebäudes ergänzen und übers Bundesgebiet verstreute Kapazitäten bündeln. Das Archiv ist die zentrale Institution der Bundesrepublik, um Filmbestände zu sichern und aufzubereiten. Sein Bestand umfasst zurzeit etwa 155 000 Filme auf rund einer Million Trägern sowie Begleitmedien. Die Bauaufgabe geht mit extremen klimatischen Anforderungen und hohen Lasten einher.

Der kubische Baukörper steht parallel zur Strasse und dockt rückwärtig an den Bestand an. Er ist in Stahlbeton ausgeführt und mittels fünf lastabtragender Schotten gegliedert. Seine Aussenhaut ist mehrschalig ausgeführt. Sie ist in technischer wie auch gestalterischer Hinsicht das speziellste Element des Bauvorhabens. Wesentlich für die Lagerung des bis zu den Anfängen der Filmproduktion Ende des 19. Jahrhunderts zurückreichenden Archivmaterials ist eine bis zu minus 6 Grad Celsius kalte und bei 30 Prozent relativer Luftfeuchtigkeit stabil zu haltende Umgebung. Der Ausgleich zum Aussenklima würde die Konstruktion ohne Pufferung hoch belasten. Deshalb fiel die Wahl auf eine zweischalige Fassade.

Die Vormauerschicht übernimmt neben der schützenden Funktion die Aufgabe, vom Inneren zu erzählen: Einerseits bilden die sich verjüngenden Pilaster den Lastanfall ab und tragen zur optischen Erleichterung des simplen Baukörpers bei. Horizontal stapeln sich über einem niedrigen und teils visuell geöffneten Erdgeschoss ein aus quadratischen Segmenten bestehendes «Bilderband» und, als oberer Abschluss, stehende Ziegelfelder. Vor allem über das Bilderband verrät das Haus, was seine Aufgabe ist. In 4 mal 4 Meter grossen Feldern ist eine Sequenz aus einem der ersten deutschen Stummfilme abgebildet, dem 1895 in Berlin uraufgeführten und im Archiv verwahrten Film *Serpentintänzerin* der Brüder Skladanowsky. Die Bewegung der Tänzerin wird wie ein Stop-Motion wiedergegeben und soll sich aus im Stapelverband verlegten quadratischen Ziegelsteinen zusammensetzen, die in sechs Farbnuancen glasiert beziehungsweise gebrannt sind. Dieselbe Oberflächenbehandlung wird auf die Steine der oberen Felder angewendet. Hier ist ein flämischer Verband mit rückspringenden Binderköpfen und in jeder zweiten Reihe hervorspringenden Läufern vorgesehen. Die teils glänzenden Steine mit lebendigen Oberflächen unterstützen den changierenden Effekt des Flächenreliefs und tragen ihrerseits dazu bei, das Gebäude weniger massig erscheinen zu lassen.

Die Auflösung des bewegten Bilds kann als Allegorie dafür gelesen werden, wie die auf Zelluloid gebannte Vergangenheit in die Zukunft überführt wird: Zerlegt in Pixel, auf digitalen Datenträgern verwahrt, kann sie überdauern.

In 2023, the practices Peter Zirkel and Heine Mildner were awarded the commission to extend the Federal Film Archives in Hoppegarten, east of Berlin, following a negotiated competition. The new building, around 14,000 square metres, will expand the storage capacity of a 2005 service building and consolidate holdings currently scattered across the country. The archive is Germany's central institution for the preservation and restoration of film. It holds around 155,000 films on nearly one million carriers, along with related media. The brief came with stringent climatic and load-bearing requirements.

The cubic structure stands parallel to the road and connects to the existing building at the rear. Built in reinforced concrete, it is organised by five load-bearing cross walls. The façade, both technically and architecturally the project's key feature, is multi-layered. Climatic conditions for archival material, including early films from the 19th century, require a constantly cool interior (down to minus six degrees Celsius) and stable humidity at 30 percent. The resulting temperature differential made a double-skin façade necessary.

The outer brick skin protects and also hints at what lies inside. Tapering pilasters express load transfer and visually lighten the volume. Above the low, partly open ground floor, a "picture band" of square segments wraps horizontally around the building, topped by brick fields forming the uppermost band. The picture band reveals the building's purpose: it shows a sequence from one of the earliest German silent films, *Serpentintänzerin* (Serpentine Dancer), by the Skladanowsky brothers, premiered in Berlin in 1895 and held in the archive. The dancer's motion is rendered as a stop-motion animation across four-metre panels of square bricks laid in stack bond. These are glazed or fired in six colours. The same finish is used in the upper fields, where a Flemish bond is planned, recessed headers alternating with protruding stretchers. The partly glossy, lively surfaces enhance the relief's shimmer and reduce the building's bulk.

The fragmentation of the image can be read as an allegory: from past (celluloid) to future (pixels), the medium endures.

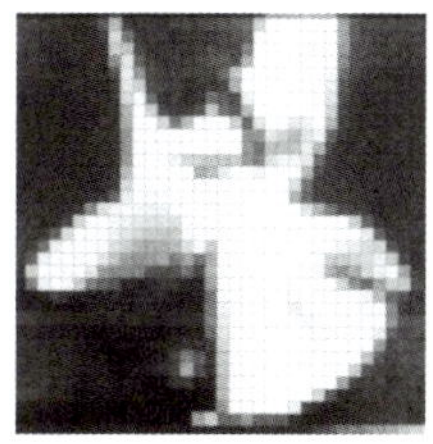

Wettbewerb: 2023, 1. Preis
Realisierung: 2031
In Zusammenarbeit mit: Heine Mildner Architekten
Bauherrschaft: Bundesanstalt für Immobilienaufgaben
Standort: Lindenallee 55–57, 15366 Dahlwitz-Hoppegarten
Team: Richard Drechsler, Baptiste Grassin, Isabella Herrera Krebber, Josefin Seifert

Competition: 2023, 1st Prize
Completion: 2031
In cooperation with: Heine Mildner Architekten
Client: German Institute for Federal Real Estate
Location: Lindenallee 55–57, 15366 Dahlwitz-Hoppegarten
Team: Richard Drechsler, Baptiste Grassin, Isabella Herrera Krebber, Josefin Seifert

1	Magazin −6 °C / +6 °C / +12 °C	**Depot −6 °C / +6 °C / +12 °C**
2	Schleuse	**Airlock**
3	Gebäudetechnik	**Building services**

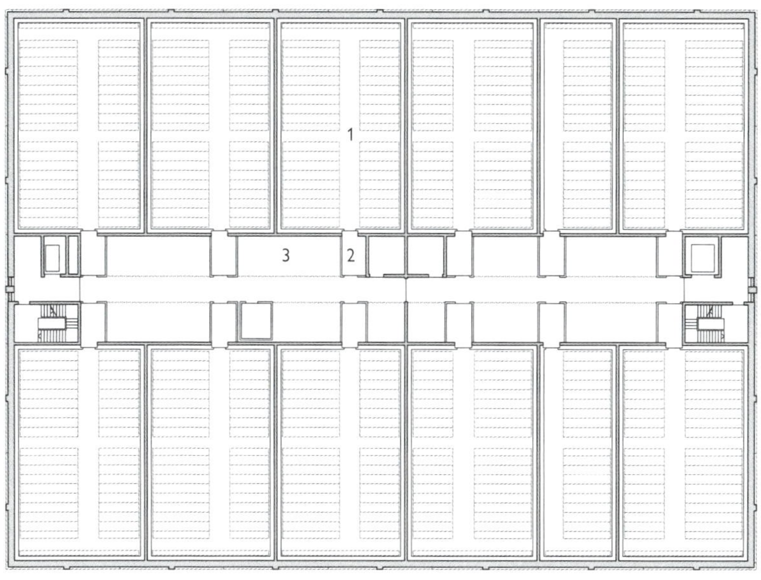

1.–3. Obergeschoss
First to third floor

SCHILFWEG SCHOOL, DRESDEN

Gerahmt von einer seriellen Wohnstruktur aus den 1970er Jahren steht die Schule am Dresdner Schilfweg, als sei sie genuiner Teil des Ensembles. Tatsächlich ist sie der Ersatzneubau einer Plattenbauschule. Sie ist zwar ebenfalls ein Produkt der Vorfertigung – ein Effizienzgewinn in puncto Bauzeit –, jedoch besteht sie vorrangig aus Holzmodulen statt aus Betonplatten. Das Team von Peter Zirkel arbeitete eng mit der Schweizer Holzbaufirma Blumer Lehmann zusammen. Markus Mann, der den Bau als deren Projektleiter verantwortete, erinnert den Austausch trotz herausfordernder Umstände als intensiv und verlässlich. «Das Projekt fiel in die Zeit der Pandemie und des beginnenden Ukrainekriegs.» Obwohl die Firma hauptsächlich regionale Hölzer verwendet, schlug sich die Preisexplosion nieder. Die 2,9 mal 3 mal 8 Meter messenden Module wurden in einem 2021 eröffneten Werk in Hessen hergestellt und dort den Architektenplänen entsprechend ausgestattet. Der Transport nach Sachsen erfolgte per Lkw. Eine Besonderheit, unterstreicht Mann, liegt in der von vornherein beabsichtigten Dauerhaftigkeit dieser Schule: «Meist errichten wir modulare Bauten als Provisorien. Bisweilen werden sie zu Providurien. Die Nutzer haben die Gebäude in der Regel sehr gern.»

Sowohl die Entscheidung für eine Mischbauweise als auch die Wahl eines durchfliessenden Estrichbodens heben dieses Projekt vom klassischen Modulbau ab. Erstere war unter anderem Gründen des Brandschutzes geschuldet: Durch die Verwendung von Tafeln im Erdgeschoss konnte die für die Gebäudeklasse 3 kritische Höhe von 7 Metern eingehalten werden, was die Ausbildung des gesamten Hauses unter F30-Kriterien zuliess. Das Brandschutzkonzept ermöglichte zudem die Aufweitung der Flure zu Nutzungseinheiten und so auch deren Ausstattung mit hölzernen Spinten.

Die Schule mag ihrer äusseren Erscheinung nach an DDR-Typenbauten erinnern: Wie bei jenen üblich ist sie um zwei Innenhöfe gewunden, und auch proportional kommt sie ihnen nah. Allerdings brechen aufrechte Fenster mit der Schwere des Baukörpers, in ihrer Wirkung unterstützt von Lisenen, die die Holzlamellen-Fassade auf voller Höhe überziehen. Im Inneren verfügt die neue Schule über eine höhere Flexibilität als frühere Typenbauten. Die Klassenräume sind nur leicht gerichtet, lassen also auch freiere Lernformen als den Frontalunterricht zu. Ihnen vorgelagerte Lernzonen fungieren als Scharnier zum Koppeln mehrerer Räume.

Die Schule am Dresdner Schilfweg entstand in nur neun Monaten. Für die Kinder und das Lehrpersonal punktete die Modulbauweise, da sie den Verzicht auf langfristige Ausweichquartiere mit sich brachte.

Framed by residential buildings from the 1970s, the school on Schilfweg in Dresden seems as if it had always belonged to the ensemble. In fact, it replaces a former prefab concrete school. While also prefabricated for improved construction efficiency, this building is made primarily of timber modules. The team at Peter Zirkel worked closely with Swiss timber firm Blumer Lehmann. Markus Mann, who led the project, remembers the collaboration as intensive and reliable, despite difficult conditions. "The project came during the pandemic and the onset of the Ukraine war." Although the company mostly uses regional timber, the spike in prices was still felt. The modules, measuring 2.9 by 3 by 8 metres, were produced and prefitted in a Hesse facility opened in 2021, then transported to Saxony by lorry. Mann highlights one special feature: "Most modular buildings we construct are temporary. Sometimes they become semi-permanent. But the users usually become very fond of them."

Several design decisions distinguish this project from typical modular schools, among them the hybrid system and a continuous screed floor. The hybrid approach was partly driven by fire safety: panel construction on the ground floor allowed the seven-metre maximum height for building class 3 to be maintained, making F30 fire protection feasible throughout. This in turn allowed the corridors to be widened into usable spaces, which were equipped with wooden lockers.

At first glance, the school recalls East German prefab types. Like them, it wraps around two courtyards and is similarly proportioned. But upright windows break up its solid mass, an effect reinforced by full-height pilasters in the timber louvre façade. Inside, the layout offers far more flexibility than previous standardised types. The classrooms are only lightly oriented and support more open forms of learning. Learning zones in front of the classrooms serve as flexible spaces that can connect multiple rooms.

The school on Schilfweg was built in just nine months. The modular system was a major advantage for pupils and staff, as it avoided the need for extended temporary accommodation.

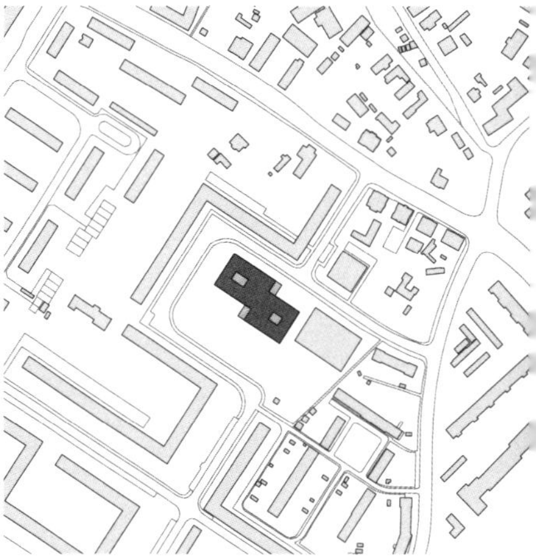

Realisierung: 2023
Bauherrschaft: Landeshauptstadt Dresden, Amt für Schulen
Generalunternehmer: Blumer Lehmann AG, Gossau (CH)
Standort: Schilfweg 3, 01237 Dresden
Team: Karin Elbert, Emanuel Schmidt, Silke Wollenweber

Completion: 2023
Client: State Capital City of Dresden, Department of Schools
General contractor: Blumer Lehmann AG, Gossau (CH)
Location: Schilfweg 3, 01237 Dresden
Team: Karin Elbert, Emanuel Schmidt, Silke Wollenweber

Schilfweg
1
2
3
3
4
6
7
8
0 5 10 20 50

1	Halle	**Hall**
2	Mensa	**Cafeteria**
3	Hort	**Daycare**
4	Lehrende	**Teachers' area**
6	Eingangshof	**Entrance yard**
7	Sport-/Pausenhof	**Sports and playground area**
8	Sporthalle	**Gymnasium**

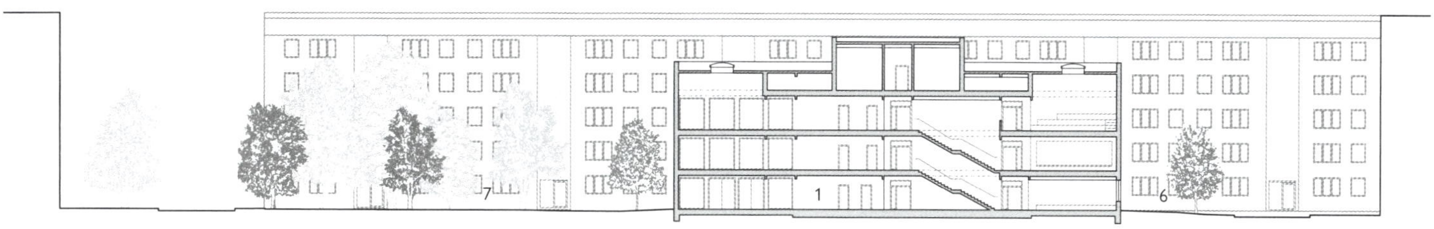

1

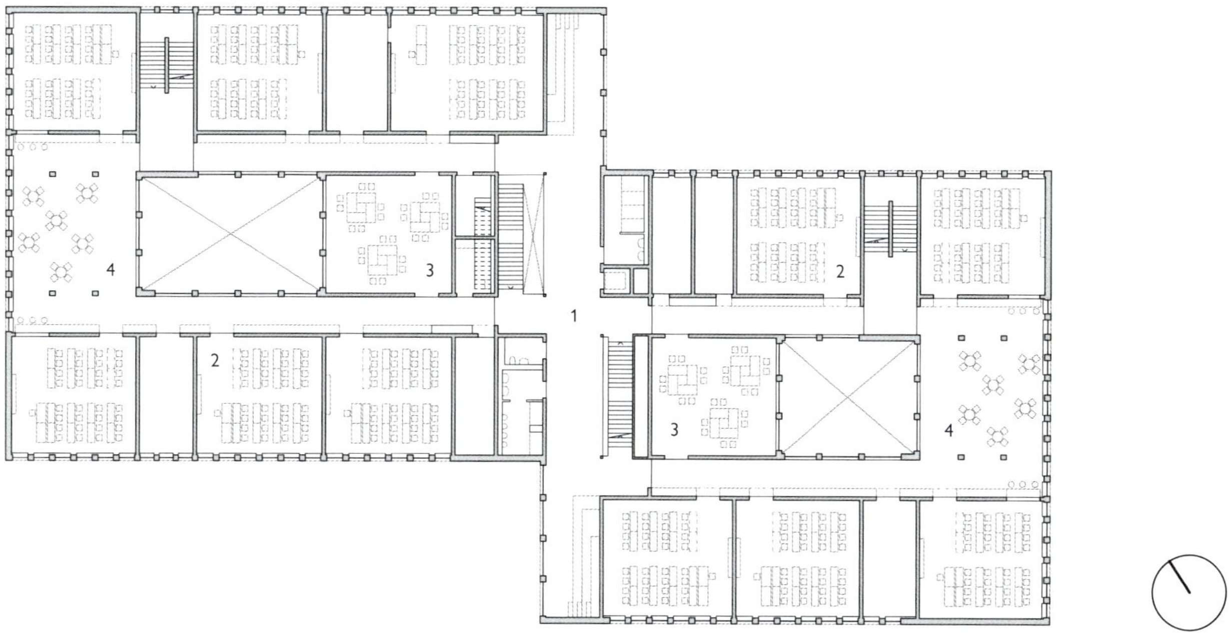

1 Halle **Hall**
2 Klassenraum **Classroom**
3 Hort/Fachklassen **Daycare/classrooms**
4 Selbstlernzone **Self-study area**

Regelgeschoss
Typical floor

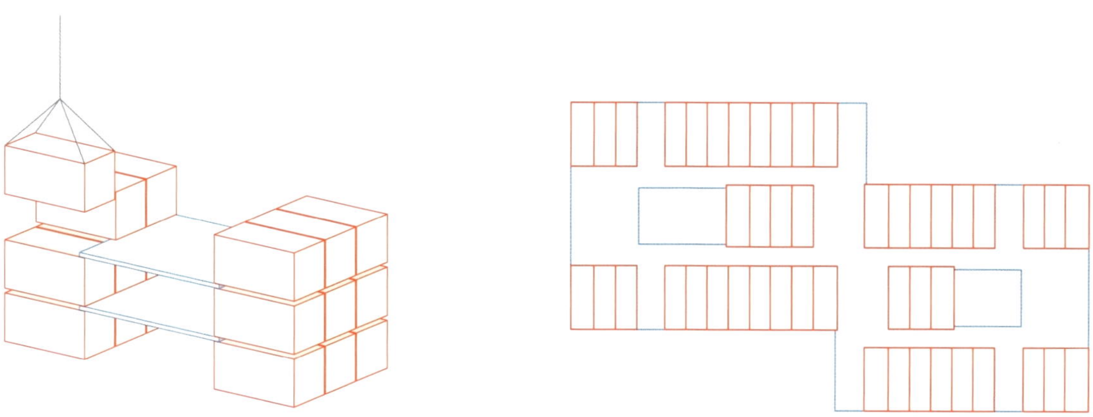

3D-Module **3D modules**
flächige Bauteile **Flat components**

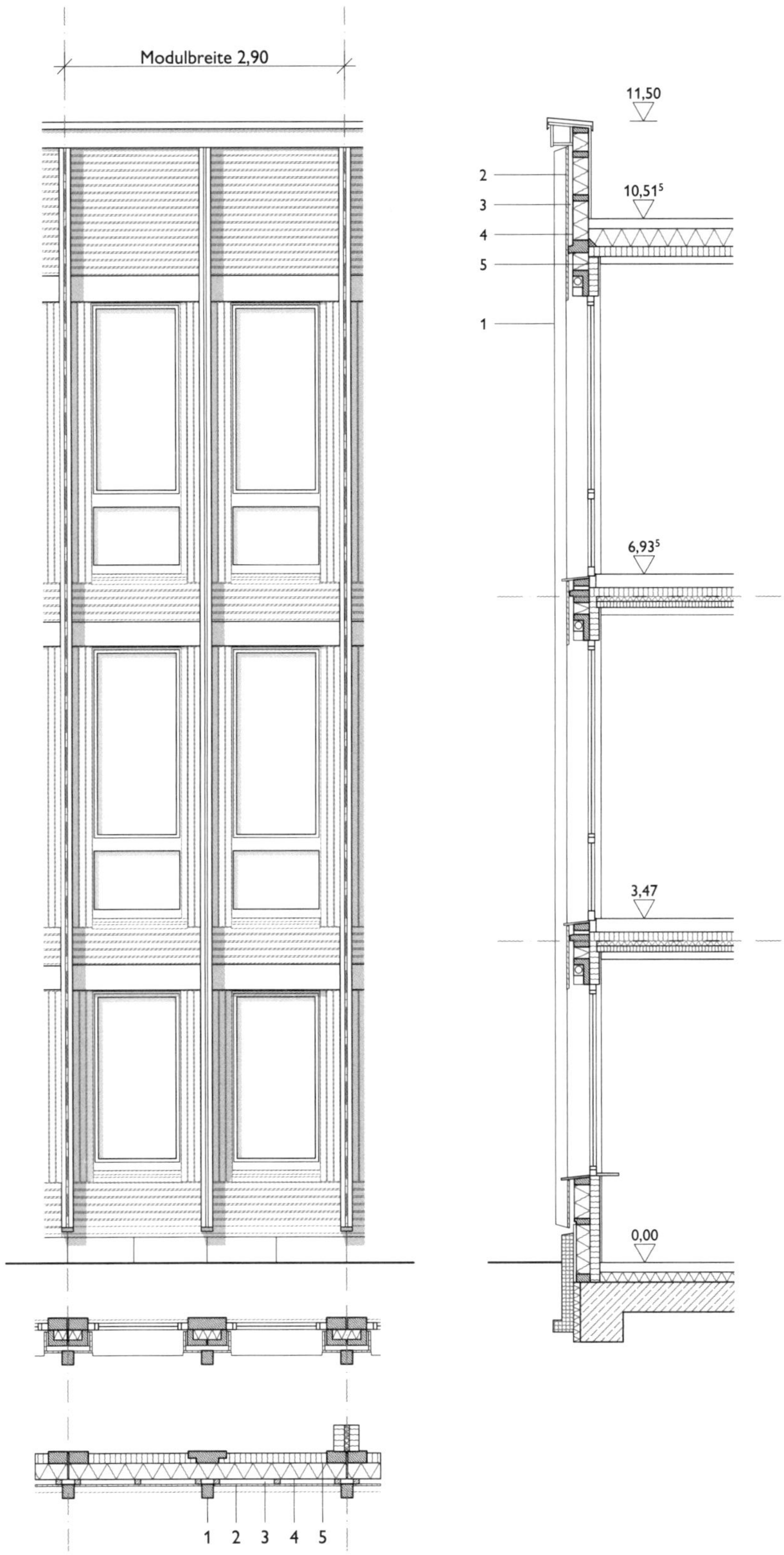

1 Lisene Lärche — **Larch wood pilasters**
2 Bretterschalung Lärche — **Larch wood planking**
3 Hinterlüftung — **Ventilation**
4 Wärmedämmung — **Insulation**
5 Brettsperrholz — **Cross-laminated timber**

0 1 2 5

UdSSR

SOWJETISCHER PAVILLON (STADTARCHIV), LEIPZIG

SOVIET PAVILION (CITY ARCHIVES), LEIPZIG

Modelle, Fotografien, Ratsbücher – eigentlich sind es die Archivalien, die die Geschichten und die Geschichte einer Stadt erzählen. In Leipzig stimmt das Archiv selbst in die Erzählung ein, seit es 2019 im Sowjetischen Pavillon einen neuen Hauptsitz gefunden hat.

Wenngleich das von Oskar Pusch und Carl Krämer entworfene Gebäude auf dem Alten Messegelände im Jahr 1925 als Ausstellungshalle für den Verein Deutscher Werkzeugmaschinenfabriken eröffnet wurde, hat sich seine spätere Nutzung als Messepavillon der UdSSR tief ins Gedächtnis der Bevölkerung eingeschrieben. Als solcher durchlief der Bau mehrere Umbauphasen. Nach der Wende wurde er als «kontaminiertes Erbe» sich selbst überlassen, bevor eine städtische Entwicklergesellschaft in den frühen 2000er Jahren die meisten Unannehmlichkeiten bereinigte.

So fanden Peter Zirkel und Pfau Architekten im Wettbewerb 2015 ein Potpourri von Versatzstücken vor und sahen sich vor der Herausforderung, eine Annäherung des Verbliebenen an historische Tatsachen zu präparieren. Nicht immer waren Planende und Denkmalpflege einer Meinung, welche Zeitschicht hervorgehoben werden solle. Im Nachhinein berührt man bei Peter Zirkel das Projekt mit spitzen Fingern – es ist behaftet mit Zweifeln an der eigenen Konsequenz und versäumten Chancen. Eben diese Reibungspunkte machen das Stadtarchiv im Sowjetischen Pavillon allerdings so relevant: Die gegenwärtige Intervention behält die Zwänge der vorhergegangenen sichtbar und offenbart, wie auch das Jetzt sich schwertut, vorbehaltlos abzubilden.

Der originale Baukörper war von wenig eleganter Erscheinung. Die prägnante Pergola ist und bleibt brachial, der Eckkonflikt ist nicht gelöst, ihrer Funktion als Wandelgang entspricht sie aufgrund der erhobenen Lage und geringen Tiefe nicht. Erst die Ergänzungen der 1950er Jahre – ein nadelförmiger goldener Turm und ein Portikus – machten aus dem Zweckbau eine mondäne Architektur. Und auch im Inneren überformte die Stalin-Ära das Pragmatische mit Spektakulärem: Im Zentrum stand nun eine Kuppelhalle mit Statuen der Sowjetväter, Mosaiken, unter anderem des Roten Platzes, zierten die Wände. In Zeiten Chruschtschows wichen die Insignien der alten Macht, die späten 70er ummantelten Pomp und Pracht kulissenhaft. Übermannshohe orangefarbene Lettern prangten poppig über dem Eingang und kündeten vom Hausherrn.

Womöglich wäre es der Nachnutzung zugutegekommen, den Bestand einheitlicher und weniger fassadenhaft umzubauen. Die teils auch knirschenden Schnittstellen zwischen den Zeitebenen lesbar zu lassen, entspricht jedoch der Baugeschichte des Hauses und des Ortes. Die Alte Messe ist ein Sorgenkind Leipzigs: Die Hoffnung der Stadt, hier nach Verlagerung des Ausstellungsbetriebs aufs neue Messegelände in den 90ern ein boomendes Quartier zu schaffen, lösten sich nicht ein. Vielleicht bekommt die Achse, die geradlinig aufs Völkerschlachtdenkmal zuführt, nun eine neue Gelegenheit, sich zu beweisen.

Models, photographs, council records: these archival objects usually tell a city's story. In Leipzig, the archive itself became part of the story when it moved into the "Soviet Pavilion" in 2019.

Designed by Oskar Pusch and Carl Krämer, the building opened in 1925 on the Old Fairgrounds as an exhibition hall for the Association of German Machine Tool Manufacturers. But its later use as the USSR's trade fair pavilion left the strongest imprint on public memory. It was altered several times in this role. After reunification, it was left to deteriorate as "contaminated heritage" until the city development agency addressed urgent issues in the early 2000s.

When Peter Zirkel and Pfau Architekten won the 2015 competition, they encountered a potpourri of fragments from different eras. Their task was to reveal what remained and restore it as closely as possible to its historic state. Agreement with conservation authorities on which layers to emphasise was not always easy. In retrospect, the design team approach the project with caution. Doubts remain about inconsistencies and missed opportunities. Yet this tension makes the archive so relevant: it retains traces of earlier constraints and shows how even the present struggles to represent itself without bias.

The original structure was never elegant. The distinctive pergola remains somewhat brutal; the unresolved corner condition is still there; its function as a covered walkway is undermined by its shallow depth and raised position. Only 1950s additions, a golden tower and portico, transformed the building from a utilitarian hall into something more grand. The interior was transformed in the Stalin era, where the pragmatic met the spectacular. A domed hall with statues of Soviet leaders became the centrepiece. Mosaics, including one of Red Square, adorned the walls. During the Khrushchev era, these symbols were removed. In the late 1970s, the remaining grandeur was clad in stage-like scenery. Towering orange pop-art letters later emblazoned the façade, announcing the Soviet occupant.

Perhaps a more consistent reuse would have helped. But showing the building's layered awkwardness reflects its architectural history, and that of the site. The Alte Messe remains a problem child, as efforts to turn it into a thriving district since the fair moved in the 1990s have faltered. Perhaps the axis leading to the Monument to the Battle of the Nations will now reclaim its role.

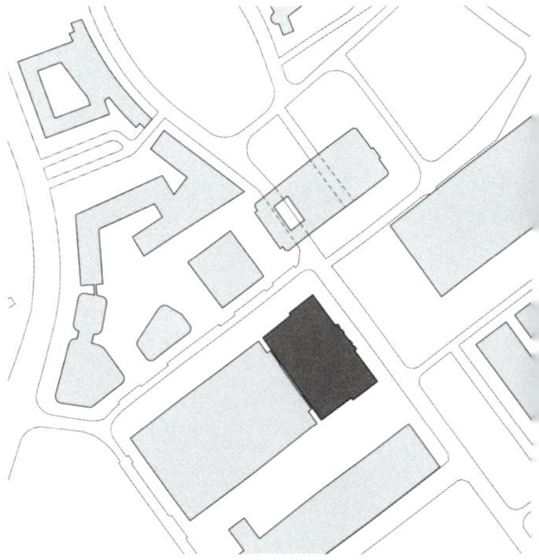

Historisches Foto 1982 (Bild links): StadtAL, 0563 (Fotosammlung), Nr. 13612, Foto: Dagmar Agsten
Historic photograph 1982 (image left): StadtAL, 0563 (photographic collection), No. 13612, photograph: Dagmar Agsten

Wettbewerb: 2015, 1. Preis
Realisierung: 2019
In Zusammenarbeit mit: Pfau Architekten
Bauherrschaft:
LEVG mbH & Co. Grundstücks – KG
Standort: Straße des 18. Oktober 47, 04103 Leipzig
Team: Martin Gebauer, Joe Goergen, Joanna Horák, Conrad Lohmann, Sebastian Pleikies, Thomas Schöngarth

Competition: 2015, 1st Prize
Completion: 2019
In cooperation with: Pfau Architekten
Client:
LEVG mbH & Co. Grundstücks – KG
Location: Straße des 18. Oktober 47, 04103 Leipzig
Team: Martin Gebauer, Joe Goergen, Joanna Horák, Conrad Lohmann, Sebastian Pleikies, Thomas Schöngarth

Großartig: Mehr Auswahl.
West
West
West

Vierhundert Jahre lagen die Männer im Boden. Auf den Äckern über ihnen sprossen Getreide, Rüben, Kohl. Am 6. November 1632 tobte auf den Feldern bei Lützen eine Grossschlacht des Dreissigjährigen Kriegs. Blut sickerte in die Erde für die Protestantische Union wie für die Katholische Liga. Der Schwedenkönig Gustav II. Adolf fiel. Und es fielen rund 9000 Namenlose. Im Massengrab liegen Vertreter der Fronten beieinander, entkleidet und geschichtet von den Bauern, die nach dem Gemetzel die Felder bestellten, wie sie es vorher getan hatten.

47 Skelette konnten im Jahr 2011 nahezu unbeschadet geborgen werden. Ende Oktober 2024 eröffnete dann nahe der Fundstelle ein neues Museum zum Gedenken an die Unbekannten und die Umstände des Krieges. Bis dato hatten eine Kapelle, ein gusseiserner Baldachin und drei Holzhäuser vorrangig dem Gedenken an den schwedischen Heerführer gedient. Das Museum Lützen 1632 entstand in Zusammenarbeit von Peter Zirkel Architekten und Naumann Wasserkampf Architekten. Es ragt als dreieckiger Keil aus dem flachen Land und fungiert nun als Zugang zur gesamten Anlage, die auch eine vom Landschaftsarchitekturbüro Station C23 gestaltete Freifläche mit Blick über das Schlachtfeld umfasst.

Ebenerdig empfängt ein langgestreckter Tresen die Gäste. Ein grosses Fenster inszeniert das Feld, auf dem zwei Stahlfiguren die Kampfhandlungen andeuten. Das rund 3 mal 4,5 Meter spannende und einen Meter mächtige Grabfeld ist nach archäologischen Untersuchungen in Halle und einer Ausstellung in Wien in der Tiefe des Hauses eingezogen. Es prangt wie ein Altarbild mittig an der nördlichen Wand. Seine sakrale Anmutung ist zum einen dem indirekt und sparsam durch ein Fensterband im First einfallenden Tageslicht zu verdanken, zum anderen der hier konzentrierten Doppelgeschossigkeit. In niedrigen Raumsegmenten zu den Flanken sind Informationen zu den katholisch-kaiserlichen und den protestantischen Truppen gegenübergestellt.

Der Museumsbau ist eine massive Betonkonstruktion. Aus konstruktiven Gründen variiert die Materialität: Die Aussenmauern wurden aus Leichtbeton gefertigt, innen fand Normalbeton Verwendung, der mit einer Lasur nachgedunkelt wurde. Im Untergeschoss kam wasserundurchlässiger Beton gegen das feuchte Erdreich zum Einsatz, während beim Pultdach die Viskosität des Materials im Vordergrund stand. Eine gewisse «Wolkigkeit» verleiht diesen Oberflächen eine Struktur, die an Naturstein denken lässt und einen Bogen zu historischen Krypten schlägt.

Für den Landesarchäologen von Sachsen-Anhalt, Harald Meller, ist das Lützener Massengrab ein Mahnmal gegen den Krieg schlechthin: «Die Soldaten dachten, sie wären am Abend zurück im Feldlager.» Meller ist überzeugt, dass Kriegsführung keineswegs urmenschliches Verhalten sei. Er sagt, Krieg müsse wie Sklaverei geächtet und abgeschafft werden. Diese Mahnung verkörpern die Überreste der anonym im Massengrab bestatteten Gefallenen von Lützen.

For four hundred years, the men lay in the earth. Above them, the fields bore grain, beet and cabbage. On 6 November 1632, one of the Thirty Years' War's major battles raged on the plains near Lützen. Blood soaked into the soil, for the Protestant Union and the Catholic League alike. The Swedish king Gustavus Adolphus fell, along with around 9,000 nameless men. In the mass grave, soldiers from both sides lie together, stripped and stacked by the farmers who returned to their fields after the slaughter.

In 2011, 47 skeletons were recovered, almost entirely intact. In October 2024, a new museum opened near the site, commemorating the unknown dead and the wider context of the war. Until then, a chapel, a cast-iron canopy and three wooden huts served as a place of remembrance for the Swedish commander. The Museum Lützen 1632 was realised in collaboration between Peter Zirkel Architekten and Naumann Wasserkampf Architekten. Rising like a triangular wedge from the flat landscape, it now serves as the entrance to the entire site, which also includes an open space designed by landscape architects Station C23, with views across the battlefield.

At ground level, visitors are greeted by a long counter. A large window frames the field, where two steel figures recall the combat that once unfolded here. Following archaeological work in Halle and an exhibition in Vienna, the 3-by-4.5-metre grave, one metre deep, was installed in the building's lower level. It now takes centre stage, displayed like an altarpiece on the north wall. Its sacred character comes from the gentle daylight falling through a clerestory window and from the double-height space in which it stands. Lower sections to either side present information on the Catholic–Imperial and Protestant forces.

The museum is a solid concrete structure. For structural reasons, the materiality varies: the outer walls are lightweight concrete, the interior standard concrete with a dark glaze. The basement employs waterproof concrete to resist the damp ground. In the monopitch roof, the viscosity of the material was a key concern. A certain "cloudiness" in the finish gives the surfaces a texture reminiscent of natural stone and subtly evokes historic crypts.

For Harald Meller, Saxony-Anhalt's state archaeologist, the Lützen mass grave is a monument against war itself: "The soldiers thought they'd be back in camp by evening." Meller is convinced that warfare is not part of human nature. He says war must be outlawed and abolished, like slavery; the remains of these sacrificed lives stand as a symbolic reminder of that.

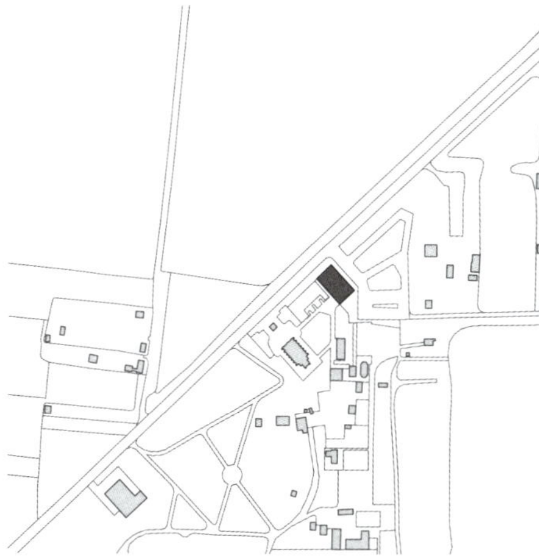

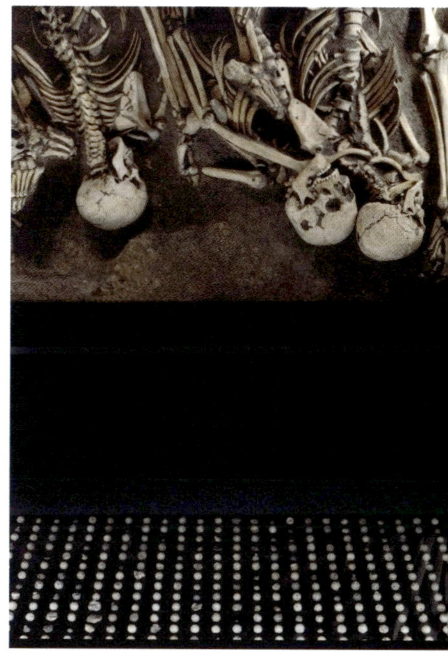

Wettbewerb: 2017, 1. Preis
Realisierung: 2024
In Zusammenarbeit mit: Naumann Wasserkampf Architekten
Bauherrschaft: Stadt Lützen
Standort: Gustav-Adolf-Straße 42, 06686 Lützen
Team: Richard Drechsler, Falk Eisenächer, Gaby Heijtjes, Pascal Schettki, Björn Suchantke

Competition: 2017, 1st Prize
Completion: 2024
In cooperation with: Naumann Wasserkampf Architekten
Client: City of Lützen
Location: Gustav-Adolf-Straße 42, 06686 Lützen
Team: Richard Drechsler, Falk Eisenächer, Gaby Heijtjes, Pascal Schettki, Björn Suchantke

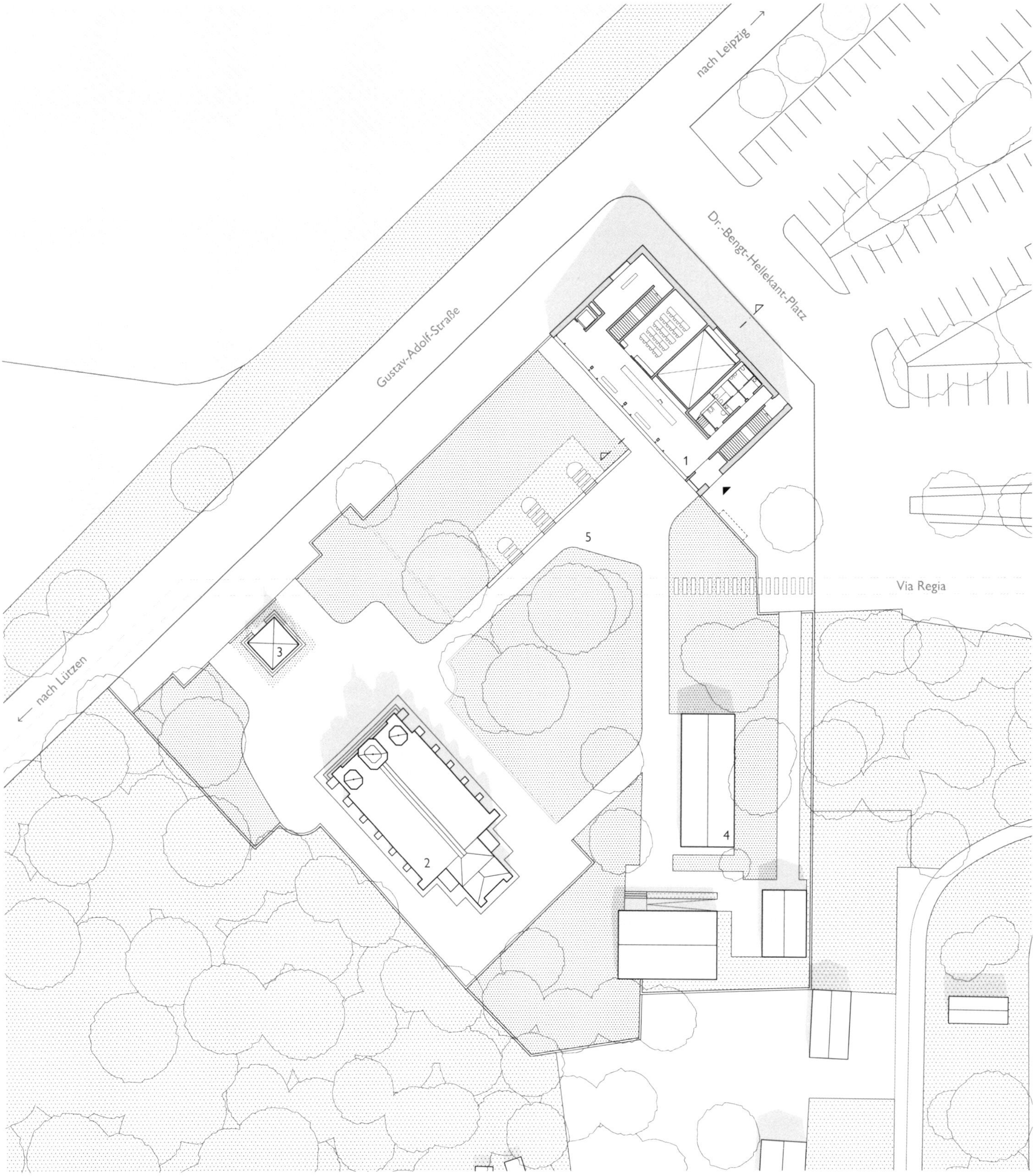

1	Museum Lützen 1632	**Museum Lützen 1632**
2	Gustav-Adolf-Kapelle	**Gustav Adolf chapel**
3	Baldachin mit Schwedenstein	**Canopy and memorial stone**
4	Schwedenhäuser	**Swedish houses**
5	Museumscampus	**Museum campus**

0 5 10 20 50

1
5
4
2
3

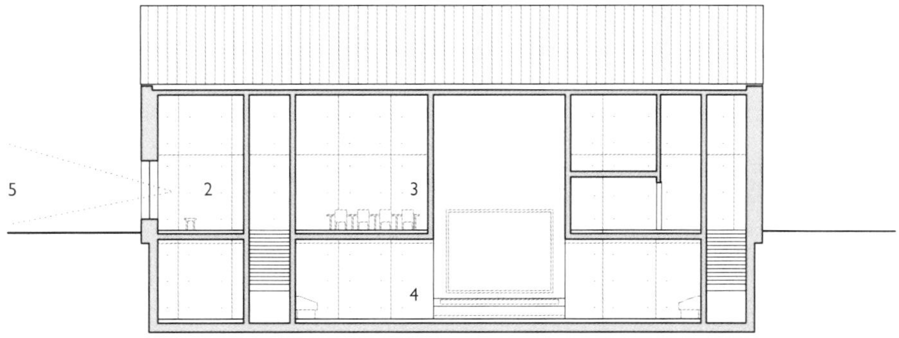

Längsschnitt
Longitudinal section

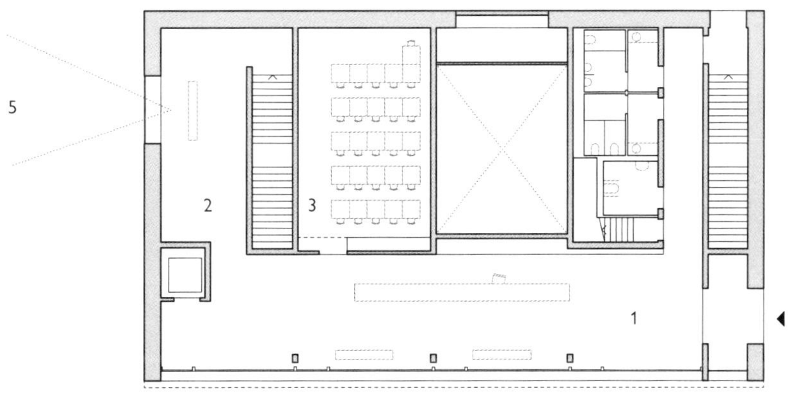

Erdgeschoss
Ground floor

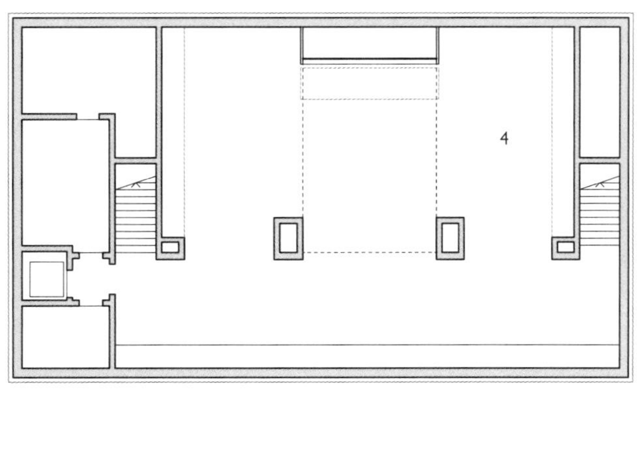

Untergeschoss
Basement floor

1	Foyer	**Foyer**
2	Prolograum	**Prologue room**
3	Seminarraum	**Seminar room**
4	Ausstellungsraum	**Exhibition**
5	Blick auf ehem. Schlachtfeld	**View of former battlefield**

0 5 10 20

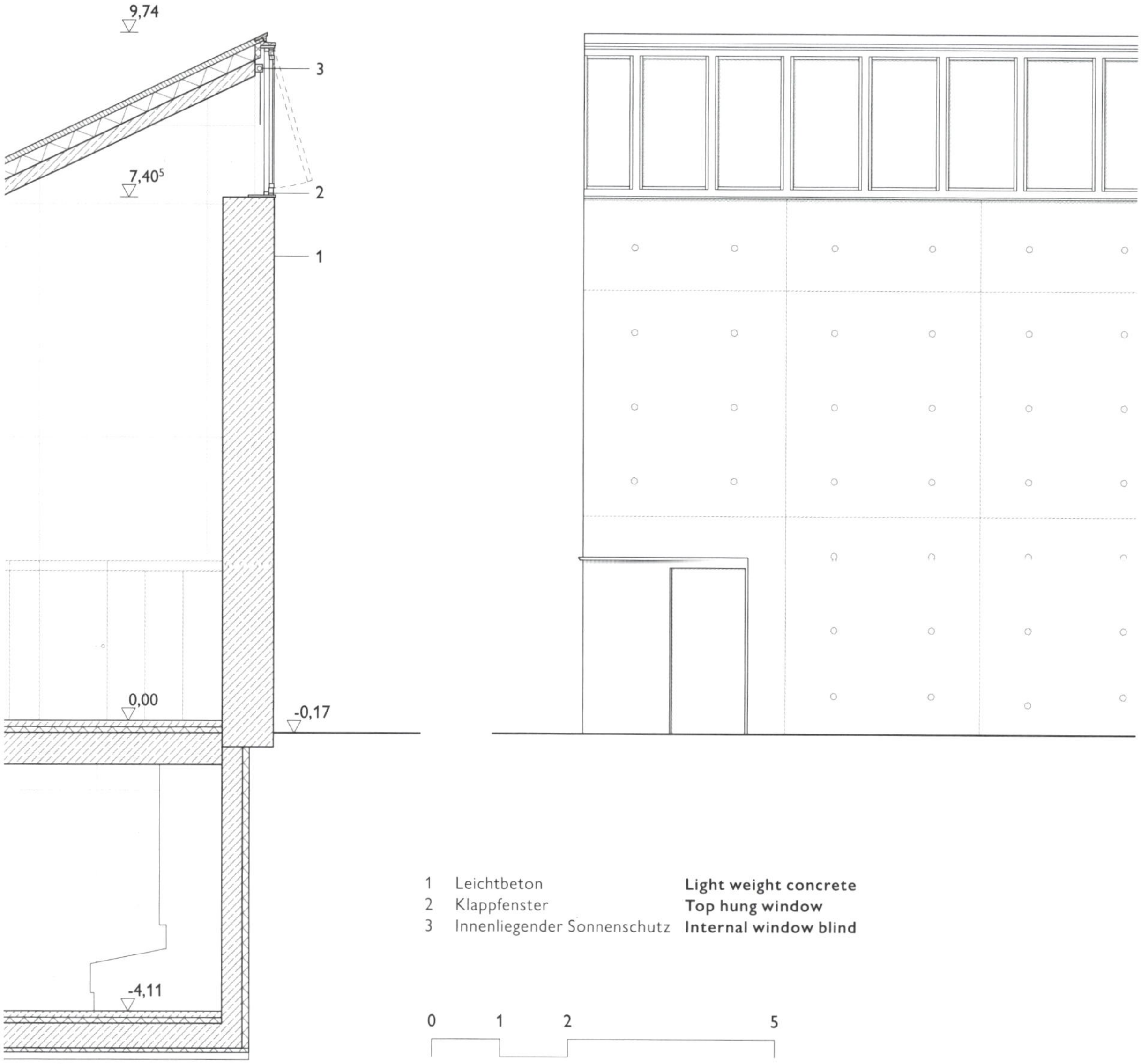

1	Leichtbeton	**Light weight concrete**
2	Klappfenster	**Top hung window**
3	Innenliegender Sonnenschutz	**Internal window blind**

0 1 2 5

WERKVERZEICHNIS
Auswahl Bauten, Projekte und Wettbewerbe

1993 Kur- und Kongresshalle, Bad Windsheim (Wettbewerb mit Gaby Heijltjes, Anerkennung)

1995 Jugendherberge, Radebeul (Wettbewerb, 4. Preis)

1996 Wohnhaus R/Y, Elsenfeld (Realisierung mit Gaby Heijltjes)

1997 Festspielhausgelände Hellerau, Dresden (Wettbewerb mit Douglas Romines, 3. Preis)

1999 1 Kaufhauszeile in Hellerau, Dresden (Sanierung mit planungsbüro ads)

Discounter, Elsenfeld (Realisierung)

2000 Festspielhaus Hellerau, Dresden (Wettbewerb, 3. Preis)

2001 2 Haus in Hellerau, Dresden (Realisierung)

2002 Sitz der Eisenbahner-Wohnungsbaugenossenschaft, Dresden (Sanierung und Erweiterung)

Quartier an der Frauenkirche, Dresden (Wettbewerb, 2. Preis)

2005 Genossenschaftswohnungen Löbtau, Dresden (Sanierung)

Fassade Hôtel de Saxe, Dresden (Realisierung; Wettbewerb 2003, 1. Preis)

Haus Dohnaer Straße, Dresden (Realisierung)

Kräutersiedlung Gorbitz, Dresden (Wettbewerb, 1. Preis)

Wohnungsbau Triemli, Zürich (Wettbewerb, 11. Preis)

2007 Haus in Dorfhain (Realisierung)

2008 Deutsche Botschaft, Wien (Wettbewerb mit Christian Schmitz und Detlef Hüssing Architekten, 3. Preis)

Entree Albrechtsburg, Meißen (Wettbewerb mit Christian Schmitz, 2. Preis)

2009 Baugemeinschaft F9, Dresden (Realisierung mit Christian Schmitz)

Quartier V.1 Neumarkt, Dresden (Wettbewerb mit Christian Schmitz, 1. Preis)

Österreichisches Schlösschen, Radolfzell (Wettbewerb mit Christian Schmitz, 2. Preis)

2010 Versorgungszentrum Universitätsklinikum Carl Gustav Carus, Dresden (Realisierung mit Christian Schmitz; Erweiterung 2017)

2011 Betreutes Wohnen, Elsenfeld (Realisierung)

Leibniz-Institut für ökologische Raumentwicklung, Dresden (Sanierung und Erweiterung mit Christian Schmitz; Wettbewerb 2008, 1. Preis)

3 Botschafterresidenz Manhattan, New York (Sanierung mit Christian Schmitz und Douglas Romines)

Magdalenenburg, Festung Königstein (Sanierung mit Christian Schmitz; Wettbewerb 2008, 1. Preis)

4 Kindertagesstätte Pfiffikus, Dresden (Realisierung mit Christian Schmitz; Wettbewerb 2008, 1. Preis)

Max-Planck-Institut für Psycholinguistik, Nijmegen (Wettbewerb mit Christian Schmitz, 2. Preis)

Dokumentationszentrum Flucht Vertreibung Versöhnung, Berlin (Wettbewerb mit Christian Schmitz, 1. Preis)

2013 Haus in Moritzburg (Realisierung mit Christian Schmitz)

Kulturkraftwerk Mitte, Dresden (Wettbewerb mit Christian Schmitz und Dietrich | Untertrifaller, Finalist)

Bundesministerium für Arbeit und Soziales, Berlin (Wettbewerb mit Christian Schmitz, Anerkennung)

5 Landesberufsschule Marconi, Meran (Wettbewerb mit Christian Schmitz, 13. Preis)

2014 6 Amerika-Gedenkbibliothek, Berlin (Sanierung mit Christian Schmitz; Wettbewerb 2013, 1. Preis)

7 Wohnen am Dom, Erfurt (Wettbewerb mit Christian Schmitz, Anerkennung)

Orangerie am Herzogin Garten, Dresden (Wettbewerb mit Christian Schmitz, 1. Preis)

2015 Mediathek Burg Giebichenstein Kunsthochschule, Halle (Realisierung mit Christian Schmitz und ZILA Architekt.innen; Wettbewerb 2011, 1. Preis)

Antoniter Quartier, Köln (Wettbewerb mit Christian Schmitz, Anerkennung)

Bauhaus Archiv, Berlin (Wettbewerb mit Christian Schmitz, Anerkennung)

1

2

3

LIST OF WORKS

Selection of buildings, projects and competitions

Year	No.	Work
1993		Spa and convention centre, Bad Windsheim (competition, with Gaby Heijltjes; honourable mention)
1995		Youth hostel, Radebeul (competition, 4th Prize)
1996		House R/Y, Elsenfeld (built, with Gaby Heijltjes)
1997		Festspielhaus site Hellerau, Dresden (competition, with Douglas Romines, 3rd Prize)
1999	1	Kaufhauszeile residental building, Hellerau, Dresden (built, with planungsbüro ads)
		Discount supermarket, Elsenfeld (built)
2000		Festspielhaus Hellerau, Dresden (competition, 3rd Prize)
2001	2	House in Hellerau, Dresden (built)
2002		Headquarters of the Railway Housing Cooperative, Dresden (renovation and extension)
		Frauenkirche quarter, Dresden (competition, 2nd Prize)
2005		Cooperative housing Löbtau, Dresden (renovation)
		Façade Hôtel de Saxe, Dresden (built; competition 2003, 1st Prize)
		House in Dohnaer Strasse, Dresden (built)
		Kräutersiedlung housing estate Gorbitz, Dresden (competition, 1st Prize)
		Triemli residential building, Zurich (competition, 11th Prize)
2007		House in Dorfhain (built)
2008		German Embassy, Vienna (competition, with Christian Schmitz and Detlef Hüssing Architekten, 3rd Prize)
		Entrance to Albrechtsburg, Meissen (competition, with Christian Schmitz, 2nd Prize)
2009		Housing cooperative F9, Dresden (built, with Christian Schmitz)
		V.1 Neumarkt quarter, Dresden (competition, with Christian Schmitz, 1st Prize)
		Austrian Castle, Radolfzell (competition, with Christian Schmitz, 2nd Prize)
2010		Supply centre Carl Gustav Carus University Hospital, Dresden (built, with Christian Schmitz; extension 2017)
2011		Assisted living facility, Elsenfeld (built)
		Leibniz Institute for Ecological Urban and Regional Development, Dresden (renovation and extension, with Christian Schmitz, competition 2008, 1st Prize)
	3	Ambassador's residence in Manhattan, New York (renovation, with Christian Schmitz and Douglas Romines)
		Magdalenenburg, Königstein Fortress (renovation, with Christian Schmitz; competition 2008, 1st Prize)
	4	Pfiffikus day-care centre, Dresden (built, with Christian Schmitz; competition 2008, 1st Prize)
		Max Planck Institute for Psycholinguistics, Nijmegen (competition, with Christian Schmitz, 2nd Prize)
		Documentation Centre for Displacement, Expulsion, Reconciliation, Berlin (competition, with Christian Schmitz, 1st Prize)
2013		House in Moritzburg (built, with Christian Schmitz)
		Kulturkraftwerk Mitte, Dresden (competition, with Christian Schmitz and Dietrich | Untertrifaller, finalist)
		Federal Ministry for Labour and Social Affairs, Berlin (competition, with Christian Schmitz, honourable mention)
	5	Marconi Vocational School, Merano (competition, with Christian Schmitz, 13th Prize)
2014	6	America Memorial Library, Berlin (renovation, with Christian Schmitz; competition 2013, 1st Prize)
	7	Housing near the cathedral, Erfurt (competition, with Christian Schmitz, honourable mention)
		Orangery at the Herzogin Garten, Dresden (competition, with Christian Schmitz, 1st Prize)
2015		Mediatheque Burg Giebichenstein University of Art and Design, Halle (built, with Christian Schmitz and ZILA Architekt.innen; competition 2011, 1st Prize)
		Antoniter quarter, Cologne (competition, with Christian Schmitz, honourable mention)
		Bauhaus Archive, Berlin (competition, with Christian Schmitz, honourable mention)

4

5

6

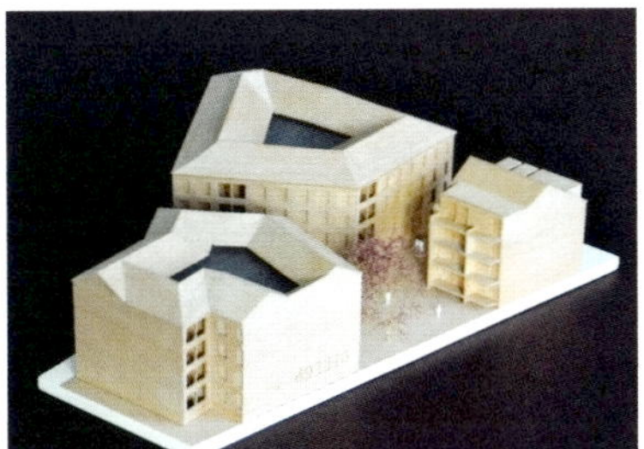

7

Jahr	Nr.	Projekt
2017	8	Haus in Strehlen, Dresden (Realisierung)
	9	Baugemeinschaft Johannstadt, Dresden (Realisierung mit Christian Schmitz)
		Paul-Gerhardt-Kirchengemeinde, Lübben (Wettbewerb, 1. Preis)
2018		Quartier Hepkestraße, Dresden (Realisierung mit Christian Schmitz; Wettbewerb 2012, 1. Preis)
		Kirchenarchiv, Dresden (Wettbewerb, 3. Preis)
2019		Sowjetischer Pavillon (Stadtarchiv), Leipzig (Sanierung und Erweiterung mit Pfau Architekten; Wettbewerb 2015, 1. Preis)
		Genossenschaftsgebäude Johannstadt, Dresden (Realisierung; Wettbewerb 2016, 1. Preis)
	10	Kornhaus, Kirchheim unter Teck (Wettbewerb mit KKS Architektur + Gestaltung, 2. Preis)
		Bibliothek Ulmicum, Rostock (Wettbewerb mit Lemme Locke Lührs Architektinnen, Anerkennung)
2020		Wissensquartier, Einbeck (Wettbewerb, 2. Preis)
		Gedenk- und Lernort KZ-Außenlager, Laagberg (Wettbewerb)
2021		Wohnungsbau am Bayerischen Bahnhof, Leipzig (Realisierung mit APB. Architekten und Stadtplaner)
		Sankt Laurentius, Auerbach (Wettbewerb, 2. Preis)
	11	Werft Laubegast, Dresden (Wettbewerb, Finalist)
2022		Kirche Canitz, Riesa (Umbau; Wettbewerb 2018, 1. Preis)
	12	Stadtbibliothek, Lutherstadt Wittenberg (Sanierung und Erweiterung)
		Wohnungsbau Gartenstadt Drewitz, Potsdam (Wettbewerb mit Heine Mildner Architekten, 2. Preis)
		Museum für Sepulkralkultur, Kassel (Wettbewerb, 3. Preis)
	13	Staatsarchiv Bremen (Wettbewerb, 3. Preis)
2023		Schule Schilfweg, Dresden (Realisierung)
	14	Feuerwehr Mobschatz, Dresden (Realisierung)
		Lindenau-Museum Altenburg (Wettbewerb)
		Fahrradparkhaus am Neustädter Bahnhof, Dresden (Wettbewerb, Engere Wahl)
2024		Museum Lützen 1632, Lützen (Realisierung mit Naumann Wasserkampf Architekten; Wettbewerb 2017, 1. Preis)
		Hugenottenhalle, Neu-Isenburg (Wettbewerb, Anerkennung)
		Nationalbibliothek, Leipzig (Wettbewerb)
2025		Theater im Alten Schlachthof, Naumburg (Sanierung und Erweiterung; Wettbewerb 2021, 1. Preis)

Laufende Projekte:

2026	Feuerwehr Reitzendorf, Dresden (Realisierung)
2027	Feuerwehr Langebrück, Dresden (Realisierung)
2028	Wohnquartier Westlich der Garnisonkirche, Dresden (Realisierung; Wettbewerb 2022, 1. Preis)
	Heinrich-Schütz-Haus, Weißenfels (Erweiterung mit Heine Mildner Architekten; Wettbewerb 2023, 1. Preis)
2031	Bundesfilmarchiv, Hoppegarten (Realisierung mit Heine Mildner Architekten; Wettbewerb 2023, 1. Preis)

8

9

10

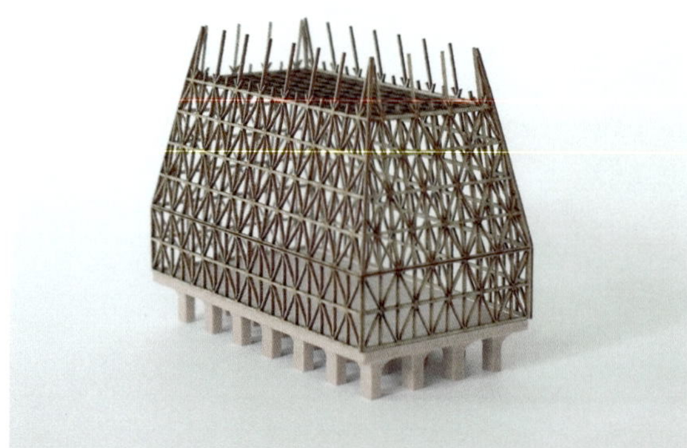

11

Year	No.	Project
2017	8	House in Strehlen, Dresden (built)
	9	Building collective Johannstadt, Dresden (built, with Christian Schmitz)
		Paul-Gerhardt congregation, Lübben (competition, 1st Prize)
2018		Hepkestrasse quarter, Dresden (built, with Christian Schmitz; competition 2012, 1st Prize)
		Church archive, Dresden (competition, 3rd Prize)
2019		Soviet Pavilion (City Archives), Leipzig (renovation and extension, with Pfau Architekten; competition 2015, 1st Prize)
		Cooperative building Johannstadt, Dresden (built; competition 2016, 1st Prize)
	10	Kornhaus, Kirchheim unter Teck (competition, with KKS Architektur + Gestaltung, 2nd Prize)
		Ulmicum library, Rostock (competition, with Lemme Locke Lührs Architektinnen, honourable mention)
2020		Knowledge Quarter, Einbeck (competition, 2nd Prize)
		Memorial and learning centre, satellite concentration camp, Laagberg (competition)
2021		Bayerischer Bahnhof residential building, Leipzig (built, with APB. Architekten und Stadtplaner)
		St Laurentius, Auerbach (competition, 2nd Prize)
	11	Laubegast shipyard, Dresden (competition, finalist)
2022		Church in Canitz, Riesa (conversion; competition 2018, 1st Prize)
	12	City library, Lutherstadt Wittenberg (renovation and extension)
		Gartenstadt Drewitz residential building, Potsdam (competition, with Heine Mildner Architekten, 2nd Prize)
		Museum for Sepulchral Culture, Kassel (competition, 3rd Prize)
	13	Bremen State Archives (competition, 3rd Prize)
2023		Schilfweg school, Dresden (built)
	14	Mobschatz fire brigade, Dresden (built)
		Lindenau Museum Altenburg (competition)
		Neustadt station bicycle parking building, Dresden (competition, shortlisted)
2024		Museum Lützen 1632, Lützen (built, with Naumann Wasserkampf Architekten; competition 2017, 1st Prize)
		Huguenot Hall, Neu-Isenburg (competition, honourable mention)
		National Library, Leipzig (competition)
2025		Theatre in the old slaughterhouse, Naumburg (renovation and extension; competition 2021, 1st Prize)

Ongoing projects:

2026	Reitzendorf fire brigade, Dresden (planned for construction)
2027	Langebrück fire brigade, Dresden (planned for construction)
2028	Residential quarter west of the Garnisonkirche, Dresden (planned for construction, competition 2022, 1st Prize)
	Heinrich Schütz House, Weissenfels (extension, with Heine Mildner Architekten; competition 2023, 1st Prize)
2031	Federal Film Archives, Hoppegarten (planned for construction, with Heine Mildner Architekten; competition 2023, 1st Prize)

12

13

14

PETER ZIRKEL

Peter Zirkel (geboren 1964 in Elsenfeld) ist seit 1995 als freischaffender Architekt in Dresden tätig. Er studierte nach einer Ausbildung im Zimmererhandwerk an der TU Kaiserslautern, der TU Delft (NL) und der TU Darmstadt Architektur (Diplom 1994) und machte sich danach selbstständig. Parallel dazu war er von 1996 bis 2000 wissenschaftlicher Assistent am Lehrstuhl Wohnbauten der TU Dresden. Mehr als 70 seiner Beiträge zu Architekturwettbewerben wurden prämiert.

MITARBEITENDE

Vicki Anders, Roman Bender, Kristina Bindernagel, Hans Boettcher, Susanne Burger, Richard Drechsler, Falk Eisenächer, Karin Elbert, Martin Flemming, Carina Fürstenau, Verena Gaber, Josephine Galiläer, Martin Gebauer, Joe Goergen, Florian Hässler, Gaby Heijltjes, Mirjam Heymann, Karin Hörig, Mathias Korntheuer, Mary Knopf, Martin Krause, Philipp Leder, Susanne Liebrich, Conrad Lohmann, Berit Mertsching, Ginte Milvydaite, Jakob Müller, Julia Naumann, Philipp Riege, Bettina Rosenthal, Kerstin Rusch, Kristina Rusnakóva, Yvonne Salewski, Emanuel Schmidt, Mark Schneider, Ingmar Segebarth, Josefin Seifert, Gunnar Sellien, Jörg Sramek, Andrea Stamborski, Björn Suchantke, Paul Uffrecht, Didier van der Heyden, Christine Wehner, Silke Wollenweber, Clemens Zirkelbach

AUSZEICHNUNGEN

2001	*Architekturpreis der Reiners-Stiftung* (Auszeichnung): Haus in Hellerau, Dresden
2002	*Deutscher Fassadenpreis* (Anerkennung Kategorie Sanierung): Sitz der Eisenbahner Wohnungsbaugenossenschaft, Dresden
2010	*KfW-Award «europäisch wohnen – europäisch Leben»* (4. Preis): Baugemeinschaft F9, Dresden
2011	*Sächsischer Landeswettbewerb «Ländliches Bauen»* (1. Preis): Haus in Dorfhain
2012	*GreenBuilding Award* (Winner Category «Refurbished Building»): Leibniz-Institut für ökologische Raumentwicklung, Dresden
2016	*Architekturpreis des Landes Sachsen-Anhalt* (Auszeichnung): Mediathek Burg Giebichenstein Kunsthochschule, Halle
	Deutscher Hochschulbaupreis (Auszeichnung): Mediathek Burg Giebichenstein Kunsthochschule, Halle
	Deutscher Architekturpreis, Staatspreis (Engere Wahl): Mediathek Burg Giebichenstein Kunsthochschule, Halle
2017	*Sächsischer Staatspreis für Baukultur* (Engere Wahl): Leibniz-Institut für ökologische Raumentwicklung, Dresden
	German Design Award (Winner Category «Architecture»): Mediathek Burg Giebichenstein Kunsthochschule, Halle
	DAM-Preis (Nominierung): Mediathek Burg Giebichenstein Kunsthochschule, Halle
2018	*Hannes- Meyer-Preis, Architekturpreis des BDA Sachsen-Anhalt* (Anerkennung): Mediathek Burg Giebichenstein Kunsthochschule, Halle
	Deutscher Bauherrenpreis (Nominierung im Themenbereich «Bauen in Gemeinschaft»): Baugemeinschaft Johannstadt, Dresden
2019	*Nike BDA-Architekturpreis* (Nike für Komposition): Mediathek Burg Giebichenstein Kunsthochschule, Halle
2021	*DAM-Preis* (Nominierung): Sowjetischer Pavillon (Stadtarchiv), Leipzig
	Architekturpreis des BDA Sachsen (Anerkennung): Genossenschaftsgebäude Johannstadt, Dresden
	Erlweinpreis der Stadt Dresden: Genossenschaftsgebäude Johannstadt, Dresden
2022	*db-Wettbewerb «Respekt und Perspektive» Bauen im Bestand Preis* (Anerkennung): Kirche Canitz, Riesa
	Sächsischer Staatspreis für Baukultur (Anerkennung): Kirche Canitz, Riesa
	Architekturpreis des Landes Sachsen-Anhalt (Engere Wahl): Stadtbibliothek, Lutherstadt Wittenberg
2023	*Deutscher Architekturpreis, Staatspreis* (Anerkennung): Kirche Canitz, Riesa
	Deutscher Holzbaupreis (Anerkennung): Schule Schilfweg, Dresden
	Holzbaupreis Sachsen (1. Preis): Schule Schilfweg, Dresden
2024	*DAM-Preis* (Nominierung): Kirche Canitz, Riesa
	Hannes-Meyer-Preis, Architekturpreis des BDA Sachsen-Anhalt (Anerkennung): Museum Lützen 1632, Lützen
	Hannes-Meyer-Preis, Architekturpreis des BDA Sachsen-Anhalt (Lobende Erwähnung): Stadtbibliothek, Lutherstadt Wittenberg
	Architekturpreis des BDA Sachsen (Anerkennung): Schule Schilfweg, Dresden
	Erlweinpreis der Stadt Dresden (Besondere Anerkennung): Schule Schilfweg, Dresden

BIBLIOGRAFIE (AUSWAHL)

2021 Peter Zirkel (Hrsg.), *Sowjetischer Pavillon. Substanz oder Erscheinung*, mit Textbeiträgen von Gregor Harbusch, Wolfgang Kil, Tanja Scheffler und Peter Zirkel sowie Fotografien von Till Schuster und einem Gespräch mit Thomas Will, Weimar

JOSEPHA LANDES (TEXTBEITRAG UND PROJEKTTEXTE)

Josepha Landes (geboren 1988 in Dresden) ist Autorin, Architekturkritikerin und Redakteurin der Zeitschrift *Bauwelt*. Sie studierte Architektur mit Diplomabschluss in Dresden und Straßburg sowie Architekturtheorie in San Diego. Mitarbeit in Architekturbüros in Dresden, Lyon, Leipzig und Hamburg. Josepha Landes lebt in Berlin.

PETER ZIRKEL

Peter Zirkel (born 1964 in Elsenfeld) has worked as an independent architect in Dresden since 1995. He trained as a carpenter before studying architecture at the TU Kaiserslautern, TU Delft (NL) and TU Darmstadt (degree in 1994). He then set up his own practice. From 1996 to 2000, he was an assistant lecturer for the chair of residential buildings and design at TU Dresden. Over 70 of his competition entries have received awards.

TEAM

Vicki Anders, Roman Bender, Kristina Bindernagel, Hans Boettcher, Susanne Burger, Richard Drechsler, Falk Eisenächer, Karin Elbert, Martin Flemming, Carina Fürstenau, Verena Gaber, Josephine Galiläer, Martin Gebauer, Joe Goergen, Florian Hässler, Gaby Heijltjes, Mirjam Heymann, Karin Hörig, Mathias Korntheuer, Susanne Liebrich, Mary Knopf, Martin Krause, Philipp Leder, Conrad Lohmann, Berit Mertsching, Ginte Milvydaite, Jakob Müller, Julia Naumann, Philipp Riege, Bettina Rosenthal, Kerstin Rusch, Kristina Rusnakóva, Yvonne Salewski, Emanuel Schmidt, Mark Schneider, Ingmar Segebarth, Josefin Seifert, Gunnar Sellien, Andrea Stamborski, Jörg Sramek, Björn Suchantke, Paul Uffrecht, Didier van der Heyden, Christine Wehner, Silke Wollenweber, Clemens Zirkelbach

AWARDS

2001	*Architecture Prize of the Reiners Foundation* (honourable mention): House in Hellerau, Dresden
2002	*German Façade Prize* (honourable mention, renovation category): Headquarters of the Railway Housing Cooperative, Dresden
2010	*KfW Award "European Living – European Life"* (4th Prize): Housing cooperative F9, Dresden
2011	*Saxon State Competition "Rural Building"* (1st Prize): House in Dorfhain
2012	*GreenBuilding Award* (winner, "Refurbished Building" category): Leibniz Institute of Ecological Urban and Regional Development, Dresden
2016	*Architecture Prize of the State of Saxony-Anhalt* (honourable mention): Mediateque Burg Giebichenstein University of Art and Design, Halle
	German University Building Award (honourable mention): Mediateque Burg Giebichenstein University of Art and Design, Halle
	German Architecture Award, State Prize (shortlisted): Mediateque Burg Giebichenstein University of Art and Design, Halle
2017	*Saxon State Prize for Building Culture* (shortlisted): Leibniz Institute of Ecological Urban and Regional Development, Dresden
	German Design Award (winner, "Architecture" category): Mediateque Burg Giebichenstein University of Art and Design, Halle
	DAM Prize (nomination): Mediateque Burg Giebichenstein University of Art and Design, Halle
2018	*Hannes Meyer Prize, BDA Saxony-Anhalt Architecture Prize* (honourable mention): Mediateque Burg Giebichenstein University of Art and Design, Halle
	German Client Award (nomination, "Community Building" category): Building collective Johannstadt, Dresden
2019	*Nike BDA Architecture Prize* (Nike for Composition): Mediateque Burg Giebichenstein University of Art and Design, Halle
2021	*DAM Prize* (nomination): Soviet Pavilion (City Archives), Leipzig
	BDA Saxony Architecture Prize (honourable mention): Cooperative building Johannstadt, Dresden
	Erlwein Prize of the City of Dresden: Cooperative building Johannstadt, Dresden
2022	*db Competition "Respect and Perspective" Building in Context Award* (honourable mention): Church in Canitz, Riesa
	Saxon State Prize for Building Culture (honourable mention): Church in Canitz, Riesa
	Architecture Prize of the State of Saxony-Anhalt (shortlisted): City library, Lutherstadt Wittenberg
2023	*German Architecture Award, State Prize* (honourable mention): Church in Canitz, Riesa
	German Timber Construction Award (honourable mention): Schilfweg School, Dresden
	Timber Construction Award Saxony (1st Prize): Schilfweg School, Dresden
2024	*DAM Prize* (nomination): Church in Canitz, Riesa
	Hannes Meyer Prize, BDA Saxony-Anhalt Architecture Prize (honourable mention): Museum Lützen 1632, Lützen
	Hannes Meyer Prize, BDA Saxony-Anhalt Architecture Prize (commendation): City library, Lutherstadt Wittenberg
	BDA Saxony Architecture Prize (honourable mention): Schilfweg School, Dresden
	Erlwein Prize of the City of Dresden (special mention): Schilfweg School, Dresden

BIBLIOGRAPHY (SELECTION)

2021 Peter Zirkel (Ed.): *Sowjetischer Pavillon. Substanz oder Erscheinung,* with essays by Gregor Harbusch, Wolfgang Kil, Tanja Scheffler and Peter Zirkel, photographs by Till Schuster and an interview with Thomas Will, Weimar

JOSEPHA LANDES (ARTICLE AND PROJECT DESCRIPTIONS)

Josepha Landes (born 1988 in Dresden) is an author, architectural critic and editor at the journal *Bauwelt.* She studied architecture in Dresden (Diploma) and Strasbourg, as well as architectural theory in San Diego, California. She has worked in architectural practices in Dresden, Lyon, Leipzig and Hamburg. Josepha Landes lives in Berlin.

FINANZIELLE UND IDEELLE UNTERSTÜTZUNG

Ein besonderer Dank gilt den Institutionen und Sponsorfirmen, deren finanzielle Unterstützungen wesentlich zum Entstehen dieser Buchreihe beitragen. Ihr kulturelles Engagement ermöglicht ein fruchtbares und freundschaftliches Zusammenwirken von Baukultur und Bauwirtschaft.

FINANCIAL AND CONCEPTUAL SUPPORT

Special thanks to our sponsors and institutions whose financial support has helped us so much with the production of this series of books. Their cultural commitment is a valuable contribution to fruitful and cordial collaboration between the culture and economics of architecture.

Blumer Lehmann

Blumer-Lehmann AG, Gossau

SCHWENK
Baustoff leben

SCHWENK Beton Anhalt, Landsberg
SCHWENK Zement, Ulm

MUHR
Vielfalt pur.

Klinkerwerk Muhr GmbH & Co. KG, Lichterfeld

Peter Zirkel – Dresden
34. Band der Reihe De aedibus international
Herausgegeben von: Heinz Wirz, Luzern
Konzept: Heinz Wirz; Peter Zirkel, Dresden
Textbeitrag: Josepha Landes, Berlin
Objekttexte: Josepha Landes, Berlin
Textlektorat deutsch: Britta Schröder, schroeder-works.de, Friedberg
Übersetzung deutsch–englisch: Nicholas Elliott, Berlin
Fotos: Falko Matte/KNA, S. 6; Peter Zirkel Architekten, S. 7, 21, 32, 42–43, 45, S. 65 (Nr. 5, 7), 66 (Nr. 11), 68; Till Schuster, Dresden, S. 20, 22–31, 44–51, 53–63, S. 64 (Nr. 1), 66–67 (Nr. 8, 9, 12, 14); Werner Huthmacher, Berlin, S. 12–18, S. 65 (Nr. 6); Ken Wagner, Dresden, S. 34; David Brandt, Dresden, S. 37–38; Dagmar Agsten, Leipzig, S. 52; Petra Steiner, Fischbachau, S. 64 (Nr. 2); Jody Kivort, New York, S. 64 (Nr. 3); Dietmar Träupmann, Augustusburg, S. 65 (Nr. 4)
Redesign: BKVK, Basel – Beat Keusch, Angelina Köpplin-Stützle
Grafische Umsetzung: Quart Verlag Luzern
Lithos: Rica Egger, Printeria, Luzern
Druck: Printer Trento S.R.L., Trient

Der Quart Verlag wird vom Bundesamt für Kultur für die Jahre 2021–2025 unterstützt.

ISBN 978-3-03761-354-2

Peter Zirkel – Dresden
Volume 34 of the series *De aedibus international*
Edited by: Heinz Wirz, Lucerne
Concept: Heinz Wirz; Peter Zirkel, Dresden
Article by: Josepha Landes, Berlin
Project descriptions: Josepha Landes, Berlin
German text editing: Britta Schröder, schroeder-works.de, Friedberg
German–English translation: Nicholas Elliott, Berlin
Photos: Falko Matte/KNA, p. 6; Peter Zirkel Architekten, p. 7, 21, 32, 42–43, 45, 65 (Nos. 5, 7), 66 (No. 11), 68; Till Schuster, Dresden, p. 20, 22–31, 44–51, 53–63, 64 (No. 1), 66–67 (Nos. 8, 9, 12, 14); Werner Huthmacher, Berlin, p. 12–18, 65 (No. 6); Ken Wagner, Dresden, p. 34; David Brandt, Dresden, p. 37–38; Dagmar Agsten, Leipzig, p. 52; Petra Steiner, Fischbachau, p. 64 (No. 2); Jody Kivort, New York, p. 64 (No. 3); Dietmar Träupmann, Augustusburg, p. 65 (No. 4)
Redesign: BKVK, Basel – Beat Keusch, Angelina Köpplin-Stützle
Graphic design: Quart Verlag Luzern
Lithos: Rica Egger, Printeria, Lucerne
Printing: Printer Trento S.R.L., Trento

Quart Publishers is being supported by the Federal Office of Culture for the years 2021–2025.

ISBN 978-3-03761-354-2

Produktsicherheit / Product safety
Verantwortliche Person gemäss EU-Verordnung / Responsible person pursuant to EU Regulation 2023/988 (GPSR):
GVA Gemeinsame Verlagsauslieferung Göttingen GmbH & Co. KG
Postfach / Post Box 2021
37010 Göttingen
Deutschland / Germany
T +49 551 384 200 0
info@gva-verlage.de

Quart Verlag GmbH
Denkmalstrasse 2, CH-6006 Luzern
books@quart.ch, T +41 41 420 20 82, www.quart.ch

De aedibus international
Zeitgenössische Architekturschaffende und ihre Bauten

De aedibus international
Contemporary architects and their buildings

34 Peter Zirkel – Dresden (de/en)
33 bez+kock architekten – Stuttgart (de/en)
32 LP architektur – Altenmarkt
31 AllesWirdGut – Wien/München
30 One O One – Seoul / 서울 (de/en, ko/en)
29 Mikou Studio – Paris (de/en)
28 Liebman Villavecchia – Barcelona (de/en)
27 DRDH – London/Antwerpen (de/en)
26 kister scheithauer gross – Köln/Leipzig/Berlin (de/en)
25 Ryan W. Kennihan – Dublin (de/en)
24 Florian Nagler Architekten – München (de/en)
23 Nomos – Genève/Madrid/Lisboa (de/en, es/fr)
22 bergmeisterwolf – Brixen/Bressanone (de/en, de/it)
21 AFF – Berlin/Lausanne (de/en)
20 Onsitestudio – Mailand/Milan (de/en)
19 a2 o architecten – Brüssel/Hasselt (de/en)
18 Schulz und Schulz – Leipzig (de/en)
17 bernardo bader architekten – Bregenz (de/en)
16 Schenker Salvi Weber – Wien (de/en)
15 Henley Halebrown – London (de/en)
14 Walter Angonese – Kaltern/Caldaro (de/en)
13 architecten de vylder vinck taillieu – Gent (de/en)
12 De Smet Vermeulen architecten – Gent (de/en, nl/fr)
11 Uwe Schröder – Bonn (de/en)
10 Stephen Taylor Architects – London (de/en)
9 Titus Bernhard Architekten – Augsburg (de/en)
8 Dietrich|Untertrifaller – Bregenz (de/en)
7 Geurst & Schulze Architecten – Den Haag (de/en)
6 Wingender Hovenier Architecten – Amsterdam (de/en)
5 Tony Fretton Architects – London (de/en)
4 Jonathan Woolf Architects – London (de/en)
3 Hufnagel Pütz Rafaelian – Berlin (de/en)
2 Hild und K – München (de/en)
1 Stanton Williams – London (de/en)

books@quart.ch, www.quart.ch